Kerstin Groeper

Geflecktes-Pferdemädchen
Ein weißes Kind bei den Lakota

Für Ruth

Geflecktes-Pferdemädchen

Ein weißes Kind bei den Lakota

Jugendroman
von
Kerstin Groeper

Impressum

Geflecktes-Pferdemädchen, ein weißes Kind bei den Lakota,
Kerstin Groeper
TraumFänger Verlag Hohenthann, 2011
ISBN 978-3-941485-08-2
Lektorat: Ilona Rehfeld
Satz/Bildbearbeitung: Janis Sonnberger, merkMal Verlag
Druck und Bindung: Friedrich Pustet, Regensburg
Titelbild: Marion und Doris Arnemann
Illustration: Eugénie Pierschalla
1. Auflage Februar 2011
Copyright by TraumFänger Verlag GmbH & Co. Buchhandels KG,
Hohenthann
Printed in Germany

Inhalt

Hier lebt Mary!

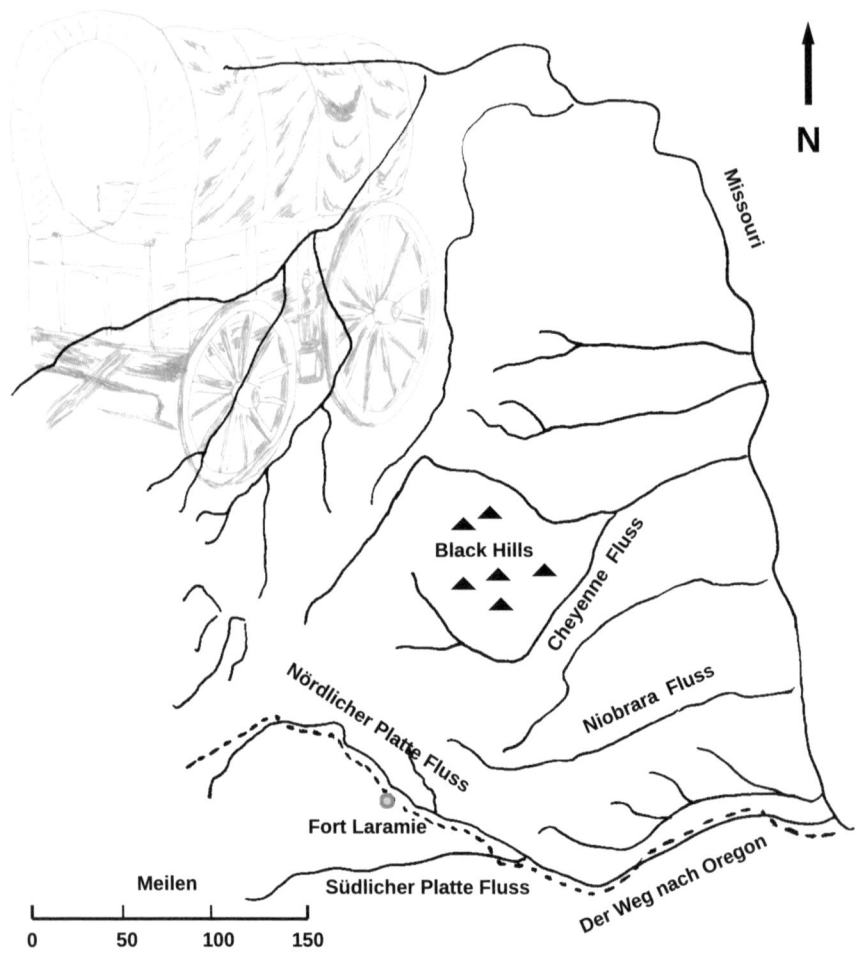

N

Missouri

Black Hills

Cheyenne Fluss

Nördlicher Platte Fluss

Niobrara Fluss

Fort Laramie

Meilen

Südlicher Platte Fluss

Der Weg nach Oregon

0   50   100   150

Vorwort

Ehe Amerika von den Weißen besiedelt wurde, gehörte es den Indianern. Doch dann kamen die Menschen aus Europa. Sie siedelten erst im Osten von Amerika und vertrieben dort die Ureinwohner. Dann streckten sie ihre Finger auch nach dem Westen aus. Planwagen rollten über die Prärie und ihre Räder hinterließen tiefe Spuren im Gras, manchmal sogar im Stein. Die Menschen suchten nach neuem Farmland, auf dem sie ihre Felder bestellen konnten. Es waren fleißige Menschen, die weite Entfernungen und Entbehrungen in Kauf nahmen, um irgendwo im Westen ihr Glück zu machen. Monatelang zogen die Siedler mit ihren rollenden Wägen durch das Land und folgten den ausgefahrenen Spuren der anderen. Dieses Buch handelt von Mary, die um 1860 mit ihren Eltern in dieses gelobte Land im Westen unterwegs ist. Doch es kommt alles ganz anders … denn Mary landet plötzlich bei den Indianern.

Spuren im Stein

Mary wickelte sich fester in die Decke und starrte auf die untergehende Sonne. Die Nacht würde wieder so kalt werden! Sie saß etwas abseits von dem Planwagen, der ihre Familie bis zu diesem Ort gebracht hatte. Bis hierher, aber nicht weiter. Mary wollte nicht mehr zu diesem Planwagen. Sie wollte nicht mehr daran denken, dass sie nun allein war. Mama lebte jetzt im Himmel. Dort oben bei den Sternen. Dieser Gedanke war tröstend. Bald würden die Sterne zu sehen sein und sie konnte sich vorstellen, dass ihre Mutter ihr zublinzelte. An Vater wollte sie nicht denken. Er hatte sie oft geschlagen und ihren Bruder fast täglich geprügelt. Mama hatte geweint, aber sie konnte nichts tun, wenn Vater wieder wütend geworden war. Nun waren sie tot. Sie lagen dort in dem Planwagen, zusammen mit dem Bruder, und Mary war allein.

Ein leises Schnauben war zu hören und ein samtenes Maul strich über ihren Kopf. Es war Tupfen, ihr Pony. Ich bin gar nicht allein, dachte Mary etwas getröstet. Mein Pony ist ja bei mir! Müde stand sie auf und streichelte ihr Pony am Hals. „Hallo Tupfen! Morgen müssen wir weitergehen und die anderen einholen!"

Die anderen! Wieder starrte Mary in die Ferne und dachte an die Familien, die einfach ohne sie weitergezogen waren. Zwei Tage war ihre Familie in einigem Abstand dem Treck der Planwagen gefolgt, doch dann waren Mama und Vater plötzlich zu schwach gewesen. Die anderen waren einfach weitergefahren. Sie hatten Angst gehabt. Angst vor der heimtückischen Krankheit, die die Familie getötet hatte. Aber Mary war nicht krank. Sie war müde und hungrig, aber nicht krank. „Wir werden auf euch in Fort Laramie warten!", hatten die anderen versprochen. „Es ist ja nicht mehr weit. Da könnt ihr uns bald wieder einholen!"

Fort Laramie? Für Mary war es nur ein weiterer unbekannter Ort, irgendwo in dieser Graswüste. Tupfen rupfte gerade ein Büschel und kaute es zufrieden. „Ob Menschen auch Gras essen können?", überlegte Mary. Dann blickte sie wieder auf die Wagenspuren, die sich tief in den Boden gegraben hatten. „Du musst nur den Spuren folgen!", hatte die Mutter noch gemahnt. „Dann wirst du die anderen finden. Sie werden dich bestimmt aufnehmen! Du bist doch so ein braves Mädchen!" „Ich will nicht von hier weg!", hatte Mary protestiert. „Kind! Es ist bereits spät im Jahr. Der Herbst ist nah. Es kommen keine Wagenzüge mehr vorbei. Sonst hätten wir sie längst bemerkt. Du darfst nicht allein hierbleiben, sonst überrascht dich der Winter und du erfrierst. Hörst du?" Mutters Stimme war nur noch ein Hauch gewesen und dann hatte sie nichts mehr gesagt.

Mary entfernte sich von dem Planwagen und setzte sich in die Nähe des Flusses, damit ihr Pony etwas trinken konnte. Wie sehr sie die Reise in dem Planwagen gehasst hatte. Wieso waren sie nicht im Osten geblieben? Dort, wo es Straßen und Wege, Häuser und Schulen gab. Wochenlang war sie neben dem Wagen durch das hohe Gras gelaufen und hatte den Staub geschluckt, der durch die anderen Wagen aufgewirbelt worden war. Manchmal war sie auf ihrem Pony geritten, aber das war auch nicht besser gewesen, denn sie hatte sich von dem Zug der Planwagen nicht entfernen dürfen. „Indianer!", hatte man sie gewarnt.
Abends gab es immer das Gleiche zu essen und irgendwann schmeckte alles ranzig und faul. Manchmal gab es frisches Fleisch, wenn ein Jäger etwas gejagt hatte, aber diese Mahlzeiten waren eher selten. Mary überlegte, ob sie in den Planwagen klettern sollte, um etwas zu essen zu finden. Lieber nicht. Dorthin wollte sie nicht mehr gehen. Dort lagen Mama, Vater und der Bruder.

Mary kniete sich an das Wasser und trank einige Schlucke. Das half auch ein bisschen gegen den Hunger. Dann setzte sie sich an den Stamm eines Baumes und wickelte die Decke um ihre Schultern. Nachts hatte sie Angst allein zu sein.

Hoffentlich sind die anderen nicht so weit gefahren, dachte sie sehnsüchtig. Vielleicht kann ich sie morgen einholen?

Im Sitzen döste sie eine Weile, träumte dabei von einem gedeckten Tisch an den Sonntagen. Kuchen hatte es damals gegeben, und Braten. Wie lange hatte sie schon keinen Kuchen mehr gegessen?

Die ganze Idee in den Westen zu ziehen, war für sie ohnehin sehr seltsam gewesen. Wieso wollten ihre Eltern eine so weite Reise unternehmen? Wieso wollten sie in dem fernen Land „Oregon" ein neues Leben anfangen? Sie hatten doch eine kleine Farm.

„Sie wirft nicht genug für uns ab!", hatte ihr Vater erklärt. Was hieß das überhaupt? Nicht genug abwerfen? Sie hatten doch immer genug zu essen.

„Vater will, dass wir ein besseres Leben haben", hatte Mutter dann gesagt. „In Oregon ist der Boden viel besser als hier und wir werden viel mehr anpflanzen können. Hier regnet es oft zu wenig und die Ernte verdorrt. In Oregon ist es wie im Paradies!"

Die ganze Reise über hallten diese Worte in ihrem Kopf: „Paradies". Wie wohl das Paradies aussah?

Nun wollte sie nicht mehr dorthin. Sie wollte zurück zu ihrer kleinen Farm und sie wollte Mama zurück.

Am Morgen wurde sie von ihrem Pony geweckt, das ihr aufmunternd ins Gesicht schnaubte und ungeduldig mit dem Huf scharrte. Ein wenig steif rappelte sich Mary auf und streckte sich. In der Nacht war sie an dem Baumstamm zusammengesunken und hatte sich wie eine Katze zusammengerollt. Der Boden war hart gewesen, und nun spürte sie jeden Knochen in ihrem Leib. Wieder stupste sie das Pony ungeduldig an die Schulter und schnaubte auffordernd. „Hey", schimpfte sie, „willst du Hafer?" Der Gedanke stach ins Herz, denn Hafer gab es nur in diesem Planwagen. Nein, dorthin würde sie nicht gehen!

„Komm, Tupfen, wir müssen los! Wir müssen die anderen einholen!"

Sie packte ihre Decke zusammen und legte sie wie einen Sattel auf den Rücken des Ponys. Dann zog sie Tupfen zu einem umgestürzten Baumstamm, stellte sich auf den Stamm und kletterte vorsichtig auf den Rücken des Ponys. Es gelang ihr aufzusitzen, ohne dass die Decke verrutschte und zufrieden schnalzte sie mit der Zunge, damit ihr Pony vorwärtsging. Tupfen hatte kein richtiges Zaumzeug, sondern nur ein Halfter mit einem Strick, sodass es nicht ganz einfach war, ihn in die richtige Richtung zu lenken. Aber vielleicht wusste das Pony auch so, wohin es gehen sollte, denn es folgte den ausgefahrenen Spuren im Gras.

Mary blickte nicht zurück. Dort gab es nichts mehr, an das sie sich erinnern wollte. Sie hatte alles zurückgelassen. Ihre Familie, ihre Puppen und Spielsachen, ihre Kleidung, selbst das bisschen Essen, das noch in den Kisten und Fässern lagerte. Wenn sie erst die anderen fand, würden sie ihr bestimmt Essen und Kleidung geben.

Wenn es nach ihrem Vater gegangen wäre, dann hätte sie selbst ihr Pony nicht mehr. Er wollte es verkaufen, doch Mary hatte gebettelt und geweint. „Es ist doch mein Pony!", hatte sie geschrien. Ihr Bruder hatte nicht so viel Glück gehabt. All die Hühner und Kaninchen, die er mit viel Liebe gefüttert hatte, waren vor der langen Reise geschlachtet worden. Auf dem Planwagen war einfach kein Platz für sie gewesen.

Die Sonne stieg am Himmel empor und wärmte Mary. Sie war steif nach der Nacht, doch nun fühlte sie sich besser. Die nächste Nacht war noch lang entfernt und sie wollte nicht daran denken. Ihre Hand hatte sich in die Mähne des Ponys gekrallt und manchmal klopfte sie ihm ihre Fersen in die Flanken, damit es etwas schneller ging. Tupfen war ein nettes Pony und manchmal trabte es sogar voller Übermut. Vielleicht fühlte es sich einsam und wollte schnell die anderen Pferde einholen.

Der Wind wehte durch Marys Haare und sie schüttelte unwillig den Kopf, als ihr einige Locken ins Gesicht wehten. Mary hatte schöne braune Haare, doch im Moment waren die Locken eher unpraktisch. Mama würde mir nun bestimmt einen Zopf flechten, dachte Mary traurig. Sie biss die Lippen zusammen und blickte starr geradeaus. Nicht daran denken, mahnte sie sich.

Stundenlang folgte sie den Wagenspuren, die sich hügelauf und hügelab über den Boden zogen. Manchmal hatten sie sich sogar in den Felsen eingegraben, wenn der Weg nicht mehr durch ebene Wiesen, sondern über felsiges Gestein führte. Einmal musste Mary absteigen, so sehr wunderte sie sich über die Spuren. Dass Wagenräder sich sogar in Felsen eingraben konnten! Als die Wagen hier vorbeigerollt waren, war es sicher sehr laut gewesen, dachte sie weiter. Immer hatte es gerumpelt und gerüttelt, wenn die Planwagen über den unebenen Boden gerollt waren. Die meisten Menschen liefen lieber neben den Wagen, weil sie auf dem Kutschbock zu sehr durchgerüttelt wurden.

Mama hatte immer über Kreuzschmerzen geklagt, aber Vater wollte solche Klagen nicht hören. Jede Pause war eine willkommene Abwechslung und manchmal hatte Mary gewünscht, dass bei irgendeinem Planwagen ein Rad abfiel und alle halten mussten, bis der Wagen wieder repariert war. Dann durfte sie mit den anderen Kindern ein wenig auf Entdeckungsreise gehen und die Gegend erkunden. Meist war nicht viel zu sehen, denn sie durchquerten hügeliges Grasland. Außer dem wogenden Gras, das sich bis zum Horizont erstreckte, war eigentlich nichts zu sehen, nur manchmal ein Fluss mit Sträuchern am Ufer, an dem sie dann am Abend lagerten.

Seltsam, dachte Mary, als sie sich einigen rötlich schimmernden Felsen näherte. Wie aus dem Nichts waren plötzlich diese seltsamen Felsformationen und Hügel aufgetaucht. Oben flach, ansonsten mit grotesken Formen, Kanten und Ecken, wie die Zacken eines riesigen Drachen, den sie einmal in einem Buch gesehen hatte. Lag dort vielleicht ein versteinerter Drache? Die Wagenspuren führten genau darauf zu und wanden sich an den Wänden der Felsen entlang. Kiefern wuchsen zwischen den Felsen und Vögel kreisten darüber. Mary hatte eigentlich schon lange keine Vögel mehr gesehen. Aber hier, zwischen den Felsen, fanden sie offensichtlich Futter und konnten ihre Nester an die Felswände bauen. Mary blickte nach oben und sah ganze Kolonien von Schwalbennestern, die in die Felsnischen geklebt worden waren. Winzige Vogelköpfe lugten heraus und warteten darauf, dass die Elternvögel wieder heimkehrten.

Zwischen den Kiefern und Wacholderbäumen wuchsen bunte Blumen, und Mary staunte über die vielen Farben, die hier zu finden waren. Sonst gab es nur das gelblichbraune Gras, manchmal mit kleinen Kakteen darin, die grässlich stachen, wenn man auf sie trat, aber hier schienen selbst die Felsen bunt zu sein.

Weiße und rote Linien zogen sich durch das graue Gestein, und einige schimmerten sogar gelblich oder hatten schwarze Flecken. Mein Pony passt hier gut dazu, dachte sie schmunzelnd. Es hieß nämlich so, weil es lauter braune und schwarze Flecken auf seinem weißen Fell hatte. Die Leute meinten oft, dass es wie ein Zirkuspferd aussähe. Mary lächelte dann immer und meinte, dass es ja auch Kunststücke wie ein Zirkuspferd könne.

Tupfen konnte sich nämlich hinlegen und tot stellen, wenn sie es wollte. Und das Pony hob sein Vorderbein, wenn man „Hallo" sagte, so, als wollte es einem die Hand schütteln. Das war eigentlich schon alles. Sonst benahm sich Tupfen wie ein ganz normales Pferd.

Mary war müde und beschloss, eine kleine Rast einzulegen. Zwischen einigen Felsen sprudelte eine kleine Quelle und Tupfen tauchte sein Maul in das Wasser, um zu trinken. Mary schöpfte ebenfalls Wasser mit der hohlen Hand und trank einige Schlucke. Ihr Magen knurrte laut und sie überlegte, ob es hier wohl einige Früchte gab. Suchend blickte sie sich um und kletterte zwischen die Felsen. Sie fand einige Büsche mit roten Beeren, doch sie zögerte unsicher. Auch die anderen waren hier vorbeigekommen und hatten die Beeren nicht gepflückt. Vielleicht waren sie giftig? Sie war so hungrig und die Beeren sahen so lecker aus, aber die Vorsicht mahnte sie, vernünftig zu sein. Am Abend wartete bestimmt ein Topf mit Essen auf sie!

Sie zog Tupfen zu einem Felsen, um von dort auf seinen Rücken zu klettern, dann trieb sie ihn wieder an. Ein roter Vogel flatterte schimpfend empor, als sie zu nahe an ihm vorbeiritt, dann wurde es wieder still. Immer hatte sie in den letzten Wochen das Klirren der Wagen oder das Schimpfen der Männer gehört. Hier musste sie horchen, um überhaupt etwas zu hören. Grillen zirpten im Gras, der Wind rauschte durch die Bäume, sonst war nichts zu hören.

In der Ferne kreiste ein Vogel am Himmel, und sie überlegte, ob es wohl ein Bussard war. Bussarde gab es auch auf ihrer Farm daheim.

Mary ritt durch die Felsenlandschaft, bis sie nach einer Weile an einem Rastplatz vorbeikam. Überall waren erloschene Feuerstellen zu sehen und das Gras war im weiten Umkreis niedergetrampelt oder abgefressen worden. Hier hatten die anderen gerastet, schoss es durch ihren Kopf. Sie freute sich, dass sie auf so deutliche Spuren gestoßen war. Andererseits bedeutete es, dass die anderen wesentlich weiter entfernt waren, als sie gedacht hatte. Jetzt war bereits Nachmittag! Wenn die anderen hier gerastet hatten und am Morgen weitergezogen waren, dann würde sie die Planwagen niemals vor Anbruch der Dunkelheit einholen! Sie musste eine weitere Nacht hier draußen verbringen! Allein! Ihr Herz wurde eng bei dem Gedanken und Tränen traten in ihre Augen. Sie wollte nicht mehr allein sein. Außerdem hatte sie solchen Hunger. Zum ersten Mal verließ sie der Mut und sie rutschte kraftlos vom Rücken ihres Ponys. Weinend kauerte sie sich zusammen und fühlte die tiefe Verzweiflung, die sie bisher so tapfer verdrängt hatte. Warum warteten die anderen nicht auf sie? Warum überließ man sie ihrem Schicksal? Warum fuhren sie immer weiter, obgleich sie doch wussten, dass ein kleines Mädchen ihnen vielleicht folgte?

Mary setzte sich an die alte Feuerstelle und tastete mit der Hand nach der Asche. Sie war kalt. Hier hatte schon lange niemand mehr gekocht. Mary seufzte niedergeschlagen. Wenn sie wenigstens ein Feuer entfachen könnte, aber sie wusste nicht, wie sie das machen sollte. Der Platz wirkte düster und leer. Man sah, dass Menschen hier gelagert hatten, aber außer Unrat und niedergetrampeltem Gras hatten sie nichts hinterlassen. Mary beschloss, noch ein wenig zu reiten und sich einen anderen Platz für die Nacht zu suchen. Irgendwo zwischen den Felsen würde sie bestimmt einen geschützten Platz mit Wasser und frischem Gras finden. Nachts wurde es bereits empfindlich kalt und ganz tief in ihrem Kopf wusste sie, dass es gefährlich für sie wurde. Nicht nur, dass hier überall wilde Tiere und Klapperschlangen lauerten, nein, auch der kommende Herbst brachte Gefahren mit sich. Außerdem brauchte sie Nahrung!

Im flachen Gras fand sie keine Möglichkeit aufzusitzen und so zerrte sie das Pony an dem Strick hinter sich her. Sie führte es zurück zu den Felsen und suchte nach einer Möglichkeit, um auf seinen Rücken zu klettern. Tupfen war unruhig und spielte wachsam mit den Ohren. Außerdem warf das Pony den Kopf aufgeregt hin und her. In Mary stieg die Angst hoch. Bisher hatte sie sich auf ihr Pony verlassen. Sie fand Trost in der vertrauten Gegenwart des Tieres und bildete sich ein, nicht ganz allein zu sein. Wovor fürchtete sich ihr Freund nun? Lauerte hier ein Puma oder Wolf? Zum ersten Mal dachte sie darüber nach, dass sie eigentlich nur ein kleines Mädchen war. Sie war zehn Jahre alt und viel zu klein, um allein in der Wildnis zu überleben. Sie konnte ein wenig lesen und schreiben, aber nichts hatte sie auf ein Leben hier draußen vorbereitet. Wenn sie die anderen nicht fand, dann würde sie sterben.

Die Angst war nun so greifbar, so allgegenwärtig, so allumfassend, dass sie keinen klaren Gedanken mehr fassen konnte. Bald würde die Nacht kommen und sie wäre den wilden Tieren hilflos ausgeliefert. Wie hatte sie sich nur auf ein kleines Pony verlassen können?

Panisch vor Angst zerrte sie Tupfen hinter sich her, rannte blindlings zwischen den Felsen umher und stolperte dabei mehrfach über Wurzeln und Steine. Ihr langes Kleid blieb an Ästen und Sträuchern hängen und es kam ihr vor, als würden Monster mit ihren Armen nach ihr greifen. „Hilfe!", schrie sie mit gellender Stimme. „Hilfe!"

Das Echo ihrer Stimme hallte von den Felswänden wider, sonst hörte niemand ihre verzweifelten Rufe.

Allein in der Wildnis

Irgendwann nach diesem irrsinnigen Lauf fiel sie keuchend zu Boden. Sie hatte Seitenstechen und bekam kaum noch Luft. Ihre Hand hielt krampfhaft den Strick, mit dem sie Tupfen hinter sich hergezerrt hatte. Das Pony stand abwartend über ihr, nun wieder ganz ruhig und mit neugierigen braunen Augen, die sich ein wenig über seine kleine Freundin zu wundern schienen. Mary raffte sich auf und blickte sich ängstlich um. Nichts war zu sehen. Keine Monster, die nach ihr griffen, keine Pumas und Wölfe. Alles, was Tupfen beunruhigt hatte, schien verschwunden zu sein. Verspielt stupste das Pony sie an und schnaubte vergnügt. Wahrscheinlich war alles nur ein Spiel gewesen. Marys klopfendes Herz beruhigte sich langsam und sie knuffte dem Pony in den Hals: „Du wolltest mich wohl erschrecken, was?"

Prüfend musterte sie die Umgebung und versuchte, etwas Vertrautes in der Landschaft zu sehen. Wo waren denn die Wagenspuren? Wo war der verlassene Lagerplatz? Sie war sich nicht mehr sicher und so führte sie ihr Pony einen schmalen Pfad hinunter.

Die Sonne begann sich nach Westen zu neigen und sie musste sich für die Nacht einen Lagerplatz suchen. Der Himmel färbte sich rot und zum Glück waren keine Wolken zu sehen. Während ihrer gesamten Reise hierher hatte es kaum geregnet und das beruhigte sie ein wenig. Regen war das letzte, was sie nun brauchte. Einige Steine rollten davon, als sie den Pfad hinunterkletterte, dann machte der Weg eine Biegung und sie trat auf einen freien Platz zwischen den Felsen. Grünes Gras wucherte überall und in den Felsen befand sich eine Mulde mit Wasser. Es sah klar aus und sie trank einige Schlucke. Hier war ein guter Platz für die Nacht! Zwischen den Felsen wuchsen wieder die verkrüppelten Kiefern und darunter befand sich wunderbarer trockener und weicher Boden. Tupfen stand schon bis zum Bauch in dem hohen Gras und kaute zufrieden. Wenigstens er bekam etwas zu essen.

Mary setzte sich unter die Kiefer und umschloss ihre Knie. Sie war hungrig und der Hunger ließ sie frösteln. Noch war es warm, aber der Wind würde die Hitze des Tages schnell vertreiben. Sie hasste den ewigen Wind. Stetig pustete er über das Land, ließ das Gras im Wind wehen, sodass es wie die Wellen eines Ozeans aussah. Der Wind fuhr durch die Haare, kroch unter die Kleidung und ließ einen nachts nicht schlafen. Nie war es wirklich still. Im Osten, auf ihrer Farm, da war es nachts leise gewesen. Nicht einmal das Gackern der Hühner war zu hören gewesen. Höchstens einige Grillen, die zirpten.

Hier wütete immer ein Wind, der woanders Sturm hieß.

Mary war ganz froh, dass sie zwischen den Felsen etwas Schutz gefunden hatte. Trotzdem fürchtete sie sich vor der Nacht. Der Himmel schien so weit und endlos, und nachts, wenn die Sterne leuchteten, wurde die Endlosigkeit noch übertroffen. Als würde der Blick ins Nichts gehen. War dort oben der Himmel? Würden ihre Eltern über sie wachen? Aber warum waren sie dann nicht bei ihr geblieben?

Die Sonne versank in einem wahren Feuerball und tauchte den Himmel plötzlich in ein dunkles Lila, das langsam in das Schwarz der Nacht überging. Erste Sterne funkelten am Himmel und fast augenblicklich wurde es kalt. Mary wickelte die Decke um ihren Körper und drückte sich an die Rinde des Baumes. Sie hatte Angst, die Augen zu schließen und doch war sie zu müde, um sie aufzuhalten. Wieder rannen ihr die Tränen über das Gesicht, als die Einsamkeit sie übermannte. Gab es irgendwo Menschen, die ihr helfen würden?

Trotz der Decke zitterte sie und sie wünschte sich einen Menschen herbei, an den sie sich kuscheln konnte. Es wurde stockdunkel, selbst das Licht der Sterne brachte kaum Helligkeit.

Mary vermisste den Mond und erkannte, dass es eine dieser Nächte sein musste, an denen kein Mond am Himmel stand. Neumond. Bisher war der zunehmende oder abnehmende Mond etwas Normales gewesen, doch nun wurde es zur Bedrohung. Sie wollte keinen Neumond. Sie wollte Vollmond! Einen runden hellen Mond am Himmel, der Licht und Trost spendete. Das Frösteln wurde stärker und sie erkannte, dass die Decke irgendwann nicht mehr reichen würde. Sie brauchte ein Dach über dem Kopf, wärmere Decken, vielleicht ein warmes Bett und ein gutes Essen.

Ihre Lippen zitterten etwas und ihr Blick suchte nach ihrem Pony. Dort stand es, unter einem Felsen und wedelte sacht mit dem Schweif hin und her, um Fliegen abzuwehren. In der Dunkelheit sah sie nur einen Schatten und den Schwanz, der sich hin und her bewegte. Trotzdem war das Pony da und sie fühlte sich nicht mehr so allein. In die Decke eingewickelt stand sie auf und trat näher zu ihm. Sanft streichelte sie über das Fell. Es war weich und warm. Ob sie sich an dem Pony wärmen konnte? Bisher war „Toter Mann" Spielen nur Spaß gewesen, aber vielleicht konnte es ihr jetzt zu etwas nutzen?

„Leg dich hin!", befahl sie drängend und wartete gespannt darauf, dass Tupfen ihr gehorchte. Das Pony legte die Ohren an, schüttelte unwillig den Kopf, doch dann knickte es seine Beine ein und begann sich hinzulegen. Aufmerksam beobachtete es seine Herrin, ob sie ihm weitere Befehle geben würde. „Gutes Pony!", lobte Mary das Tier. „Leg dich!", wiederholte sie den Befehl, dann setzte sie sich vorsichtig an Tupfens Bauch. Es war warm! Das Pony schnüffelte mit dem Nüstern nach dem Kind, dann ließ es den Kopf zur Seite fallen und schien schlafen zu wollen. Mary drückte sich an den warmen Bauch des Ponys und schloss ebenfalls die Augen. So war es viel gemütlicher und sicher.

Irgendwann am Morgen wachte Mary wieder auf. Tupfen war längst aufgestanden und graste in der Nähe. Trotzdem war Mary nicht kalt. Die Sonne kletterte bereits über die Hügel und berührte mit ihren warmen Strahlen die Welt unter sich. Blinzelnd kniff Mary die Augen zusammen und blickte sich um. Bei Tageslicht wirkte alles friedlich und kaum bedrohlich. Der Wind hatte etwas nachgelassen und so legte sie die Decke ordentlich zusammen. Dann ging sie zu der Mulde mit dem Wasser, trank einige Schlucke und wusch sich das Gesicht. Es waren normale Dinge und sie fand Kraft darin, so zu tun, als würde gleich jemand kommen und sie schimpfen, wenn sie es nicht tat. Sie war immer ein braves Mädchen gewesen und so wollte sie auch nun ihrer Mutter beweisen, dass sie gut auf sich achten konnte.

„Komm, Tupfen!", lockte sie das Pony. „Wir müssen weiter!"
Mit Hilfe eines Felsens, auf den sie sich stellte, kletterte sie wieder auf den Rücken des Ponys, dann führte sie es in die Ebene zurück. Suchend sah sie sich nach den Wagenspuren um und es dauerte eine Weile, ehe sie die Abdrücke im Gras fand.
Unsicher sah sie sich um. In welche Richtung musste sie den Spuren nun folgen? Mit den anderen waren sie immer den Anweisungen der Männer gefolgt, doch nun wünschte sie, dass sie besser aufgepasst hätte. In welche Richtung musste sie gehen? Nach Westen? Gewiss! Aber wo lag Westen? Die Sonne geht im Osten auf, erinnerte sie sich, also musste sie in die entgegengesetzte Richtung gehen.

Ohne weiter zu überlegen, wandte sich Mary in die Richtung, von der sie glaubte, dass es Westen sei und folgte den Wagenspuren, die ihr hügelauf und hügelab den Weg wiesen. Aber sie war ein kleines Mädchen und sie wusste nichts vom Spurenlesen und so merkte sie nicht, dass diese Wagenspuren längst nicht so tief im Boden eingegraben waren wie die anderen. Sie folgte einer Fährte nach Norden, die sie immer weiter von den anderen entfernte.

Eigentlich hätte sie es merken müssen, denn der Weg verlief nicht mehr an den seltsam geformten Felsen entlang, sondern führte über einen kleinen Bach in eine ganz andere Richtung. Aber Marys Aufmerksamkeit wurde abgelenkt. An diesem Bach fand sie nämlich einige Bäume. Pflaumenbäume! Mary war sich ganz sicher, denn Pflaumen kannte sie! Mama hatte daraus immer Marmelade gekocht oder Kuchen gebacken! Sie pflückte einige Früchte und biss in das fruchtige Fleisch. Es war wunderbar süß. Sie war so hungrig, dass sie das Obst gierig in ihren Mund stopfte und kaum die Zeit fand, die Kerne wieder auszuspucken. Das Gefühl in ihrem Magen war herrlich. Zum ersten Mal seit zwei Tagen hörte das Knurren auf und sie bekam einen Schluckauf. Dann lachte sie glücklich. Sie hatte ganz allein etwas zu essen gefunden! Krampfhaft überlegte sie, was sie noch finden konnte. Vielleicht Eier in einem Nest? Auf ihrer Farm hatten im Frühjahr immer Enten genistet und manchmal hatte Papa die Eier mitgebracht. Vielleicht fand sie ja am Bach ein Nest mit Eiern?

Suchend bahnte sie sich ihren Weg am Ufer entlang, drückte Schilfhalme auseinander und schaute unter kleineres Buschwerk. Einige Vögel flatterten fort, Libellen sausten über das Wasser und Moskitos summten. Ansonsten fand sie nichts. Die Zeit, in der Vögel brüteten, war längst vorbei. Ganz im Gegenteil. Schwärme am Himmel hätten ihr eigentlich sagen müssen, dass die Vögel bereits in den warmen Süden aufbrachen. Die Moskitos wurden lästig und unablässig schlug sie auf die blutgierigen Plagegeister ein. Ihr Gesicht war bereits zerstochen und auch ihre Arme waren mit roten Flecken übersät. Nein, hier gab es nichts. Es war besser, den Bachlauf zu verlassen und höheres Gelände aufzusuchen. Auf der höhergelegenen Prärie, die von dem immerwährenden Wind gepeitscht wurde, gab es kaum Moskitos.

Mary pflückte noch einige Handvoll Pflaumen und knotete sie in den weiten Saum ihres Kleides. Sie kam sich groß und erwachsen vor, weil sie an Vorräte dachte.

Wieder sah sie sich nach einer Möglichkeit um, wie sie sich auf den Rücken ihres Pferdes schwingen konnte. Nirgends sah sie einen Felsen oder umgekippten Baumstamm und so kletterte sie auf den unteren Ast eines Baumes. „Komm!", lockte sie Tupfen. „Komm!"

Das Pony jedoch hatte anderes zu tun. Schweifwedelnd stand es im Gras und rupfte die saftigen Halme. Seufzend rutschte Mary wieder hinunter und führte das Pony zu dem Baum. Sie wickelte den Strick zweimal um einen Ast, dann kletterte sie wieder nach oben. Das Pony machte zwei Schritte zur Seite und war wieder außerhalb der Reichweite ihrer Beine, die versuchten seinen Rücken zu erreichen. „Jetzt komm doch!", schimpfte Mary schon fast unter Tränen. „Wir müssen doch nach Fort Laramie!"

Unbeeindruckt graste das Pony weiter und Mary blieb nichts anderes übrig, als wieder vom Baum zu klettern und das Tier näher an den Ast zu schieben. Sie band den Strick ganz kurz, damit es nicht mehr weggehen konnte. Wieder stieg sie auf den Baum und blickte auf das Tier unter sich. Mary nahm Maß, dann ließ sie sich auf Tupfens Rücken fallen. Das Pony warf empört den Kopf hoch und riss dabei den Strick ab, mit dem es an dem

Ast festgebunden war. Es machte einige kurze Sätze, buckelte übermütig, dann schnaubte es unwillig. Mary klammerte sich an der Mähne fest, beugte sie sich hinunter und bekam den Strick zu fassen, der dem Pony vor die Beine fiel. Die ganze Sache war nicht bedeutend, aber die schönen Pflaumen waren dabei zu Matsch verarbeitet worden. Der Saum ihres Kleides tropfte und kurz schoss der Gedanke durch ihren Kopf, dass sie bestimmt geschimpft werden würde. Aber es gab niemanden mehr, der sie schimpfen konnte. Sie ließ die matschigen Pflaumen in dem Saum ihres Kleides, denn lieber würde sie später Pflaumenmus essen als nichts.

Die Spur der Räder führte eine Weile am Bach entlang und sie folgte ihnen, nicht ahnend, dass gerade das Wasser ihr Überleben sichern würde. Gegen Mittag wurde es heiß und sie saß ab, um Wasser vom Bach zu schöpfen. Auch Tupfen tauchte sein Maul in das Wasser und trank mit durstigen Zügen. Mary war müde und setzte sich ins Gras, um ein wenig zu rasten. Sie knüpfte den Saum ihres Kleides auf und besah sich die Bescherung. Fast alle Pflaumen waren zerdrückt und der Saft war als klebriger Brei in den Stoff des Kleides eingedrungen. Mary stopfte sich einige Früchte in den Mund, den Rest schüttete sie auf den Boden. Dann ging sie zum Bach und wusch die Flecken aus dem Stoff. Ihr Kleid war in einem zarten Rosa mit dunkelroten Rosen, doch an der Stelle, an der die Pflaumen das Kleid verschmutzt hatten, war es nun unansehnlich lila verfärbt. Sie hatte keine Seife dabei, so konnte sie die Flecken auch nicht entfernen. Aber wenigstens klebte es nicht mehr und irgendwie hatte sie das Gefühl, wieder sauber zu sein. Eifrig rubbelte sie ihre Hände und spritzte sich Wasser ins Gesicht.

Tupfen fand das wohl lustig, denn er watete ins Wasser und begann mit seinen Hufen zu planschen. Einige Spritzer trafen Mary und sie quietschte empört. „Pass auf, du machst mein Kleid ganz nass!" Sie wagte es nicht, sich auszuziehen, denn das gehörte sich einfach nicht. Man durfte sich nicht nackt zeigen, selbst wenn kein Mensch in der Nähe war. Mary ging einige Schritte zurück, dann lockte sie ihr Pony wieder näher. „Komm, komm! Wir müssen weiter!"

Mary war ein wenig beunruhigt, denn seit dem Morgen war sie auf keinen Lagerplatz mehr gestoßen. Wie sollte sie die anderen einholen, wenn sie nicht einmal mehr die Lagerplätze fand? Sie wusste nicht, dass sie längst auf einem ganz anderen Weg war!

Sie fand eine Bodenerhebung, über die sie auf den Rücken des Ponys klettern konnte und drückte Tupfen die Fersen in die Flanken. Sie war erfrischt und munter. Noch stand die Sonne hoch am Himmel und die Nacht war weit entfernt. Mary wollte nicht darüber nachdenken. Sie hoffte, dass sie bis zum Abend auf Menschen stoßen würde. Ihr war warm, doch gegen Nachmittag kam wieder der starke Wind auf. Sie fröstelte und hüllte sich in ihre Decke. Außerdem hatte sie wieder Hunger. Die Pflaumen waren eben keine wirkliche Mahlzeit. Sie sah sich nach dem Bach um, doch die Wagenspuren hatten sich von ihm entfernt. Schade, dachte sie, dann finde ich auch keine Pflaumen mehr.

Überall, wohin sie blickte, lag nur wogendes Grasland vor ihr. Nirgends sah sie Bäume oder Sträucher. Die Sonne brannte vom Himmel herunter und nur der Wind vermittelte ihr ein Gefühl von Kühlung. Sie hatte keine Haube auf und sie merkte, wie die Haut in ihrem Gesicht zu brennen anfing. Sie bekam einen schrecklichen Sonnenbrand. „Setz die Haube auf!", hatte ihre Mutter sie immer ermahnt. Aber ihre Haube lag in dem

Planwagen und da hatte sie nicht mehr hineinklettern wollen! Trotzdem musste sie etwas unternehmen, denn die Sonne würde noch eine Weile am Himmel stehen, und morgen auch, und die nächsten Tage auch! Mary schlug die Decke über ihren Kopf, sodass ihr Gesicht nun im Schatten lag und sie fühlte sich etwas besser. Dann döste sie ein wenig, während ihr Pony langsam dahintrottete.

Der Tag war so lang und Mary litt unter der Einsamkeit. Das Land war so weit wie das Meer, fast ohne Anfang und Ende. Jedes Mal, wenn sie einen Hügel erklommen hatte und auf das Land dahinter sah, ging es in endlosen Wellen weiter. Manchmal konnte sie in der Ferne seltsame Felsformationen erkennen oder vereinzelte Kiefern erhoben sich aus dem hohen Gras. Sie sah sich nach Tieren um, damit sie den Eindruck hatte, nicht ganz allein zu sein. Sie freute sich, als sie in einiger Entfernung einige Antilopen davonspringen sah, und am Himmel kreisten irgendwelche Raubvögel. Sonst erblickte sie nichts. Warum gibt es hier keine Farmen, dachte sie traurig.

Dann senkte sich die Scheibe der Sonne dem Horizont zu und Mary wusste, dass ihr eine weitere Nacht hier draußen bevorstand. Die Verzweiflung schwappte spürbar durch ihren Körper und nahm ihr die Luft. Sie wollte nicht allein hier draußen übernachten!

Außerdem hatte sie Hunger und Durst. Aber wo war der Bach geblieben? Seit Stunden schon war sie der Spur der Räder durch das Gras gefolgt und hatte übersehen, dass sie an keinem Fluss oder Bach mehr vorbeigekommen war. Wieso waren die Menschen nicht am Fluss geblieben? Hatten sie etwas Wasser in Fässern dabei? Sie hatte kein Fass mit Wasser dabei! Sie hatte gar nichts.

Wo finde ich nun Wasser, dachte sie mit Schrecken. Auch Tupfen brauchte Wasser! Sollte sie wieder zurückreiten, bis zu der

Stelle, wo die Pflaumenbäume am Bach standen? Warum wartete sie nicht dort, bis jemand kam und sie fand? Wieder stiegen ihr die Tränen in die Augen und sie schluchzte verzweifelt. War sie den ganzen Tag umsonst geritten? Und wo sollte sie einen Platz zum Übernachten finden? Sie sah nur wogendes Gras. Hier gab es nicht einmal einen Felsen oder Baum, unter dem sie Schutz finden konnte.

„Komm, wir reiten zurück!", murmelte sie verzweifelt. Weiter hinten hatte sie einen Baum gesehen, unter dem sie schlafen wollte. Tupfen schüttelte ungeduldig den Kopf und drängte in die andere Richtung. Er wollte nicht zurück, sondern über einen weiteren Hügel. Mary klopfte wütend mit ihren Schuhen in seinen Bauch und zerrte an dem Strick. „Hörst du! Dreh um!"

Tupfen machte einen Satz nach vorne und zum ersten Mal verlor Mary das Gleichgewicht, rutschte seitlich den Rücken hinunter und landete unsanft im Gras. Tupfen hatte sie abgeworfen.

„Du!", schrie sie erbost. „Das darfst du nicht! Komm wieder her!"

Tupfen lief einige Schritte weiter und blieb außerhalb ihrer Reichweite stehen. Mary versuchte den Strick zu greifen, aber immer, wenn sie ihn fast fassen konnte, machte das Pony einen Satz und lief einige Schritte weiter. Schließlich drehte es sich um und trabte davon.

„Tupfen!", schrie Mary verzweifelt. „Tupfen, bleib stehen!"

Indianer

Das Pony legte stur die Ohren an und verschwand hinter einem Hügel. Mary ließ sich schwach vor Entsetzen ins Gras sinken und starrte ihm hinterher. Sie war allein! Ganz allein. Ihr Pony hatte sie verraten und einfach im Stich gelassen. Mary heulte. Tränen rannen über die Wangen, als sie all ihre Angst, Trauer und Verzweiflung hinausließ. Sie bekam einen Schluckauf und konnte doch nichts anderes tun als zu weinen. Aber niemand kam, um sie zu trösten oder ihr in ihrer Not zu helfen. Niemand hörte ihr Weinen. Nur der Wind zerzauste ihre Haare und trocknete ihre Tränen. Die Tränen hatten schmutzige Spuren auf ihren Wangen hinterlassen und ihre blauen Augen waren deutlich in dem sonnenverbranten Gesicht zu sehen. Sie leuchteten in dem klaren Blau eines Bergsees und durch die Tränen schimmerten sie noch heller und klarer. Irgendwann hatte Mary keine Tränen mehr und sie wischte sich mit der schmutzigen Hand die Nase ab. Weinen nützte nichts. Hier nicht!

Sie raffte sich auf und blickte in die Richtung, in der ihr Pony verschwunden war. Tupfen! Sie musste ihn wieder finden. Nur mit ihm konnte sie von hier weg. Und sie musste ihn finden, ehe es endgültig dunkel wurde. Stolpernd und hastend rannte sie den Hügel hinauf und sah in das Tal dahinter. Schatten lagen bereits darüber und erinnerten sie daran, dass die Dunkelheit hier schnell kam. Sie rannte den Hügel hinab und versuchte den Spuren zu folgen. Im hohen Gras war gut zu erkennen, wohin das Pony getrabt war. Wieder kletterte Mary einen Hügel hinauf, dann blieb sie erstaunt stehen.
Dort unten stand Tupfen. Friedlich grasend stand er in der Nähe einiger Felsen und Büsche. Marys Herz hüpfte vor Freude. Tupfen! Vorsichtig kletterte Mary den Hügel hinunter, denn sie hatte

Angst, das Pony zu erschrecken. Dann stand sie neben ihm und nahm behutsam den Strick in die Hand. Tupfen schnaubte leise und stupste sie mit dem Maul an, dann tauchte er seinen Kopf wieder ins Gras, um weiter zu grasen. Mary war so glücklich, dass sie einfach neben ihm stehen blieb und zuschaute, wie er kaute.

Irgendwann, kurz ehe die Sonne verschwand, hörte sie ein anderes Geräusch. Das leise Plätschern von Wasser. Neugierig zog sie das Pony in die Richtung der Felsen und starrte ungläubig auf die kleine Quelle, die hier hervorsprudelte. Ihr Pony hatte Wasser gefunden! Wasser! Hatte sie nicht ein kluges Pferd? Sie umarmte das Pony voller Inbrunst und streichelte sein geflecktes Fell. „Du bist mein Bester!", lobte sie es überschwänglich. Nie mehr würde sie es schimpfen oder in eine Richtung drängen, in die es nicht wollte. Es war ja so klug. Dankbar kniete sie nieder und trank in gierigen Zügen. Sie war so durstig. Fast hatte sie ihren Hunger vergessen, denn der Durst war viel schlimmer.

Ja, hier zwischen den Felsen war ein guter Platz zum Übernachten.

Mary suchte sich einen ebenen Platz und wickelte sich in ihre Decke. Sie stank nach Pferd, weil Mary die Decke ja auch immer als Sattel verwendete, aber sie hatte nichts anderes. Wahrscheinlich stank sie selbst inzwischen genauso. Sie konnte sich überhaupt nicht mehr daran erinnern, wann sie das letzte Mal gebadet hatte. In dieser Nacht war es wärmer als in den letzten Tagen und sie rollte sich zusammen, um zu schlafen. Ihr war schlecht vor Hunger und in der Nacht hatte sie Alpträume.

Am Morgen fand sie kaum noch die Kraft aufzustehen. Sie beugte sich über die Quelle, um ein paar Schlucke zu trinken, dann wickelte sie sich wieder in die Decke und schloss die Augen. Sie war so müde! Selbst der Hunger schien vergessen zu sein.

Mary döste eine Weile und blinzelte manchmal durch ihre Wimpern, um zu sehen, wie die Sonne am Himmel höher kletterte. Sie wollte nicht weiterreiten. Wohin denn? Sie dachte nicht daran, dass sie sterben würde, wenn sie hier einfach liegen blieb. Sie dachte an gar nichts mehr.

Am Nachmittag rappelte sie sich schließlich auf und erschrak zu Tode, als eine Klapperschlange drohend ihren Schwanz hob und ihr warnendes Rasseln hören ließ. Das seltsame Geräusch klang bedrohlich und alles schien vor Schreck zu erstarren. Selbst der Wind und die Grillen schienen plötzlich zu schweigen. Erschrocken sprang Mary einen Schritt zurück, doch die Schlange biss zu, so schnell und tückisch, dass man die Bewegung mit dem Auge kaum sehen konnte. Die Schlange erwischte zum Glück nur die Decke, die sich Mary immer noch um den Körper gewickelt hatte, und kroch dann sich windend im Gras davon. Mary stieß einen spitzen Schrei aus.

Sie hasste Schlangen! Dann sah sie nach, ob die Schlange sie nicht doch erwischt hatte. Sie fand die zwei kleinen Löcher in der Decke und atmete tief ein. Glück gehabt! Doch dann liefen wieder Tränen über ihr Gesicht. Vielleicht ahnte sie zum ersten Mal, dass es schlecht um sie stand. Sie war allein, hatte sich verlaufen und niemand würde sie hier finden. Hier gab es keine Menschen. Hier lebten nur Klapperschlangen, Grillen und Kojoten.

Eine eigentümliche Müdigkeit überfiel sie und wieder legte sie sich hin, um ein wenig zu schlafen. Im Schlaf hatte sie keinen Hunger. Manchmal wachte sie auf, wenn der Magen zu laut knurrte und dann ärgerte sie sich, dass sie wieder in die Wirklichkeit zurückkehren musste. Sie wollte eigentlich nicht mehr aufwachen. Schlafen war viel schöner. Im Schlaf hörte sie Mama und es gab genug zu essen. Vielleicht ging sie auch in den

Himmel? Da gab es bestimmt genug zu essen. Da war ja das Paradies. Vielleicht gab es das Paradies gar nicht in Oregon oder auf Erden, sondern nur im Himmel?

Sie fühlte im Halbschlaf, wie ihr Körper angehoben wurde und weigerte sich die Augen zu öffnen. Hier war ja niemand, also konnte es nur ein Traum sein. Wieder fühlte sie fremde Hände an ihrem Rücken und leise Stimmen drangen an ihre Ohren. Menschen!

Sie versuchte zu blinzeln, obwohl sie so müde war, dass sie die Augen kaum aufbrachte. Sie blickte in dunkle, fast schwarze Augen in einem tiefbraunen Gesicht. Als nächstes sah sie lange schwarze Haare, die zu zwei Zöpfen geflochten waren und im Haarschopf wehten zwei Federn. Ein Indianer! Sie hatte nicht einmal Angst. Sie war einfach nur froh, dass jemand sie gefunden hatte.

Die Lippen des Mannes verzogen sich zu einem leichten Lächeln, als er sah, dass das Kind erwacht war. „Ohan", murmelte er. „Wintschintschala kin kikta yelo!" Es klang irgendwie so, als freute sich der Indianer, dass sie endlich aufgewacht war.

Ein weiteres dunkles Gesicht beugte sich über Mary und sah sie prüfend an. Noch ein Indianer! Er war jünger, als der Mann, der sie im Arm hielt und trug seine langen Haare offen. Sie fielen über seine Schultern und wehten im Wind, genauso wie einige Federn, die er im Haar trug.

Er hielt Tupfen am Strick und klopfte ihm den Hals. „Schunka wakan nitawa ho?", fragte er, dabei deutete er auf das Pony und dann auf Mary. Sie verstand, dass er sie fragte, ob es ihr Pony sei. Mary nickte nur kurz und über das Gesicht des Indianers huschte ein vergnügtes Lächeln. „Wana, schunka wakan mitawa kin!", meinte er herausfordernd. Mary verstand auch das! Nun ist es sein Pferd, hatte der Indianer gesagt.

Mary schüttelte empört den Kopf. Dann deutete sie mit dem Finger auf ihre Brust. „Mitawa!", wiederholte sie das Wort in der seltsamen Sprache der Indianer. Meins!

Die beiden Indianer lachten vergnügt und schienen alles für einen guten Spaß zu halten. Schließlich beugte sich der jüngere Indianer zu ihr hinunter, tippte ihr an die Brust und meinte: „Waschté! Nitawa!" Dann drückte er ihr den Strick in die Hände. Wie eine Ertrinkende klammerte sich Mary an das Letzte, was ihr noch geblieben war. Niemand durfte ihr das Pony wegnehmen.

Der ältere Indianer kramte einen Beutel hervor und zog etwas hervor, das wie ein Keks aussah. „Loyatschin ho?", fragte er.

Dann führte er den Keks an den Mund, als wollte er ihn essen. Mary hatte solchen Hunger! Natürlich wollte sie etwas essen. Misstrauisch nahm sie den Keks in die Hand und biss hinein. Sie nahm sich nicht die Zeit zu probieren, was sie da aß, sondern schluckte die Krümel sofort hinunter. Gierig biss sie das zweite Stück ab, doch der Indianer legte ihr den Zeigefinger auf den Mund und bedeutete ihr zu warten. Er kaute übertrieben und zeigte ihr so, dass sie den Keks langsam essen sollte. Gehorsam behielt Mary den Bissen im Mund und kaute ihn gründlich. Es schmeckte nach Fleisch und Beeren. Als sie eine breiige Flüssigkeit im Mund hatte, schluckte sie schließlich. Erst dann nahm sie einen weiteren Bissen.

Der Indianer nickte zufrieden und richtete sie in eine sitzende Position auf. Dann holte er einen weiteren kleinen Beutel hervor und tauchte seinen Finger hinein. Irgendeine Salbe schien dort drin zu sein, denn vorsichtig strich er mit dem Finger über

Marys sonnenverbrannte Haut. Es war so sanft, so behutsam, dass Mary unwillkürlich die Tränen über das Gesicht liefen. Sie wollte nicht mehr allein sein!

Der Indianer schien etwas fassungslos zu sein, doch dann lächelte er freundlich. „Kopechla schni yo!", murmelte er. „Kopechla schni yo!" Dabei strich er ihr beruhigend über die braunen, völlig verfilzten Locken.

Mit der Hand zeigte er einen weiten Kreis über das Land, dann deutete er auf das Mädchen und streckte einen Zeigefinger in die Höhe. Mary verstand. Er wollte wissen, ob sie hier allein war. Mary nickte unter Tränen und der Indianer biss sich auf die Lippen. Dann sagte er etwas zu dem Jüngeren. Die beiden unterhielten sich kurz in der fremden Sprache und schienen zu beraten, was sie mit dem Kind machen sollten.

Mary schluckte schwer. Sie hatte ein bisschen Angst vor den Indianern, aber sie hatte noch mehr Angst wieder allein zu sein.

Schließlich hob der Indianer Mary samt der Decke hoch und ging einige Schritte durch das Gras. Erst jetzt sah Mary, dass auch die Indianer Pferde hatten. Gefleckte Pferde. Genauso wie Tupfen. Der Indianer setzte sie auf den Rücken seines Pferdes, dann glitt er geschmeidig hinter ihr auf das Tier und hielt sie fest. Mary war immer noch müde. Außerdem hätte sie gern noch mehr gegessen, aber sie wusste nicht, wie sie das dem Indianer deutlich machen sollte. Verstohlen schaute sie sich nach Tupfen um und lehnte sich beruhigt zurück, als sie sah, wie der andere Indianer ihn neben seinem Pferd am Zügel führte.

Wieder fielen ihr die Augen zu und sie schlief eine Weile in den Armen des Indianers. Wohin würde er sie bringen? Sie wusste es nicht und es war ihr auch gleichgültig. Sie war nur froh, dass sie keine Nacht mehr allein hier draußen verbringen musste.

Nach einer Weile erwachte sie, weil sie merkte, wie die Pferde eine schnellere Gangart einschlugen. Das Pony lief in einem ausdauernden, raumgreifenden Galopp und schien das Gewicht der beiden Reiter kaum zu spüren. Mary fühlte den starken Arm, der sie stützte, und schloss einfach die Augen bei der rasenden Geschwindigkeit. Sie hätte auch nicht gewusst, wie sie dem Indianer hätte sagen sollen, dass er langsamer reiten sollte. Vielleicht würde er dann ungeduldig werden? Sie wartete einfach ab, bis das Pferd wieder langsamer lief und öffnete dann vorsichtig die Augen. Sie standen auf dem Grat eines Hügels und schauten über das weite Land.

Weiter unten im Tal schlängelte sich ein Fluss durch die Ebene, an dessen Ufer einige Bäume standen. Unbeirrbar steuerten die Indianer darauf zu. Die Sonne würde bald untergehen und Mary vermutete, dass die Indianer dort rasten wollten. So einfach war das. Die Indianer kannten sich hier aus und fanden die Flüsse und die anderen Wasserstellen. Wahrscheinlich wuchsen dort auch Pflaumenbäume.

Sie brauchten eine Weile, um das Tal zu durchqueren und in dieser Zeit versank die Sonne im Westen und ließ nur noch einen breiten roten Streifen am Himmel zurück, der sich schnell in ein dunkles Lila verwandelte. Noch konnte man in der Dämmerung alles sehen.

Die Indianer erreichten den Fluss und stiegen von ihren Pferden ab. Mary wurde einfach hinuntergehoben und ins Gras gesetzt. Dann packten die Indianer einige Bündel von den Ponys und legten sie ins Gras. Tupfen kam näher und stupste Mary ins Gesicht, als wollte er überprüfen, ob mit seiner kleinen Freundin alles in Ordnung war.

Mary kicherte und wickelte sich aus der Decke. Sie fühlte sich um einiges besser und ging zum Fluss, um einige Schlucke zu trinken. Dann stand sie unschlüssig in der Nähe der beiden Männer und wartete ab.

Der Ältere, der sie die ganze Zeit getragen hatte, hob einen dürren Ast auf, den die Flut des Frühlings irgendwann ans Ufer gespült hatte und bedeutete dem Kind, dass sie noch mehr Äste sammeln sollte. Wahrscheinlich für ein Feuer. Ein Feuer war etwas Wunderbares und sogleich rannte Mary los, um noch mehr Äste zu sammeln. Sie brachte nur trockenes Holz, wie sie es von ihrem Vater gelernt hatte. Er hatte schnell zugeschlagen, wenn das Holz feucht war und qualmte.

Der Indianer brummte zufrieden und kniete sich nieder, um ein Feuer zu entfachen. Er benutzte dazu ein Schlageisen und trockenen Zunder, den er in einem Beutel am Gürtel trug.

Mary sah zu, wie er mit dem Eisen auf einen Feuerstein hieb und dabei winzige glühende Funken in den Zunder fielen. Es dauerte eine Weile, ehe es dem Indianer gelang, eine kleine Flamme zu erzeugen und so konnte Mary ihn in Ruhe beobachten. Zum ersten Mal fiel ihr auf, wie unterschiedlich die Kleidung der Indianer zu der Kleidung war, die sie bisher gekannt hatte. Sie trugen überhaupt keine Hosen, sondern Beinkleider aus Leder, die mit einer Schlaufe am Gürtel befestigt waren. Anstelle einer Hose hatten sie nur ein langes Tuch zwischen den Beinen hindurchgezogen, das ebenfalls von dem Gürtel festgehalten wurde. Außerdem hatte jeder Indianer eine bunt bestickte Messerscheide am Gürtel und mehrere Beutel hingen daran herab. Der ältere der Männer trug ein ledernes Hemd, das mit vielen Fransen verziert war. Es sah schön aus.

Der jüngere Mann hatte kein Hemd an, sondern trug einen Brustschmuck aus gebleichten Knochen. Mary glaubte zumindest, dass es Knochen waren. In der Nacht müsste es ihm ohne Hemd aber kalt werden, dachte sie verwundert. Beide Indianer trugen Schuhe aus Leder, Mokassins, die sehr gemütlich aussahen und mit einer Borte aus winzigen Perlen bestickt waren. Auch die Beinkleider hatten eine Borte aus bunten Perlen, die das ganze Bein hinunterlief.

Mary hatte den Eindruck, als wäre die Kleidung sehr sorgfältig und liebevoll hergestellt worden. Beschämt blickte sie an sich hinunter. Ihr Kleid war voller Flecken, dreckig und es stank. Ihr Gesicht sah bestimmt auch nicht besser aus und ihre Haare waren seit Tagen nicht mehr gekämmt worden. Wenn ihr Vater sie so sehen könnte, dann würde er seinen Gürtel ziehen und ihren Hintern damit versohlen. Aber Vater war ja nun im Himmel, dachte sie. Sie war nicht einmal traurig.

Dem Indianer war es inzwischen gelungen, das Feuer zu entfachen und Mary eilte herbei, um noch mehr Äste ins Feuer zu legen. Ein Feuer bedeutete Sicherheit. Dann sah sie zu, wie der jüngere mit einem Speer in den Fluss stieg. Er hatte seine Mokassins und Beinkleider ausgezogen und watete im flachen Wasser hin und her.

Mary stellte sich ans Ufer und beobachtete, wie der Mann geschickt einen Fisch aufspießte und ans Ufer warf. Dann wedelte der Mann mit der Hand und bedeutete Mary, dass sie den Fisch zum Feuer bringen sollte.

Der Fisch zappelte noch und Mary wusste nicht, wie sie ihn fassen sollte. Außerdem mochte sie Fisch nicht. Andererseits war sie ziemlich hungrig. Vielleicht sollte sie den Fisch ja doch mal versuchen? Sie packte den Fisch am Schwanz und trug das zappelnde Ding zum Feuer. Die Bewegungen wurden schwächer und als sie das Feuer erreicht hatte, hing der Fisch leblos in ihrer Hand.

Der Indianer nahm sein Messer, schlitzte den Fisch damit auf und holte die Innereien heraus. Mary fand das schrecklich! Sie musste würgen und überlegte, ob sie je davon essen könnte. Dann suchte der Indianer nach einem spitzen Stock, spießte den Fisch damit auf und ließ ihn mit Hilfe einer Astgabel über das Feuer hängen. Mary sauste zum Fluss zurück, denn dort hatte der andere Indianer bereits den nächsten Fisch gefangen. So einfach bereiteten sich die beiden das Abendessen zu.

Mary setzte sich ans Feuer und genoss den Schein und die Wärme. Sie dachte nicht mehr daran, die anderen einzuholen. Sie war jetzt hier. Der jüngere kehrte mit dem letzten Fisch zum Feuer zurück und spießte ihn ebenfalls auf. Drei Fische hingen nun über dem Feuer und Mary lief das Wasser im Mund zusammen. Ob Fisch oder nicht. Sie würde alles essen, was ihr angeboten wurde.

Die beiden Männer unterhielten sich leise und Mary wunderte sich über ihre ruhige Art. Sie schienen überhaupt nie laut zu werden. Wenn der eine etwas wollte, dann sagte er es, und der andere stand auf, um es zu erledigen. Die Bewegungen waren fließend und ohne die Hektik, die Mary sonst bei den Familien gesehen hatte. Dort geschah immer alles mit Schreien und Befehlen oder wurde von Flüchen begleitet.

Mary starrte in die Flammen und wartete darauf, dass der Fisch endlich garte. Auch die Indianer schwiegen und schienen die Ruhe zu genießen. Dann zog der Ältere das Messer aus der Scheide und stach probeweise in den Fisch. Er schien zufrieden zu sein, denn er nahm den Stock mit dem Fisch vom Feuer und legte ihn auf einen Stein. Geschickt trennte er das Fleisch ab und bot Mary etwas an. Seine Augen blitzten vergnügt, als er den Hunger des Kindes erkannte. Mary schluckte verwirrt. Sie sollte zuerst essen? Zuerst kamen doch immer die Männer dran? Erst wenn der Vater satt war, durften auch Mama und die Kinder essen. „Yuta yo!", sagte der Indianer und es hieß eindeutig, dass sie essen durfte. Mary strahlte über das ganze Gesicht, als sie mit der Hand nach dem Fisch griff und ihn sich in den Mund stopfte. Mmh! Sie hatte noch nie etwas so Leckeres gegessen!

„Waschté?", fragte der Indianer.

„Waschté!", bestätigte Mary.

Wieder lachten die beiden und es war so freundlich und wohltuend, dass es Mary ganz warm ums Herz wurde. Sie hatte hier freundliche Menschen getroffen. Komisch, dachte sie seltsam berührt. Immer hatte man sie vor den Indianern gewarnt und nun waren es ausgerechnet die Indianer, die ihr halfen. Sie sind gar nicht böse, dachte sie erleichtert.

Mit Heißhunger aß sie den ganzen Fisch, dann rollte sie sich in der Nähe des Feuers in ihre Decke ein. Die Sichel des Mondes erschien am Himmel und sie freute sich, dass es nicht mehr stockdunkel war. Über ihr leuchteten die Sterne und das Blinzeln erschien ihr nun so vertraut. Bestimmt war ihre Mutter unter den Sternen und wachte über sie. Wahrscheinlich hatte Mutter die Indianer geschickt! In der Nähe graste ihr Pony und sie lächelte glücklich. Alles würde gut werden.

Schlimme Nachrichten

Am Morgen wurde sie durch ein leichtes Rütteln an ihrer Schulter geweckt. Verschlafen fuhr Mary hoch und musterte die beiden Indianer. Die Sonne war noch nicht aufgegangen und nur ein schwacher rötlicher Schein über den Hügelketten deutete an, dass sich die Sonne bald emporschieben würde. Mary sah, dass der jüngere der Männer sich in ein Fell gewickelt hatte. Mit nacktem Oberkörper war es ihm also doch zu kalt.

Mary wickelte sich aus der Decke und ging zu dem Fluss, um sich zu waschen und einige Schlucke zu trinken. Die Indianer wuschen sich etwas weiter stromabwärts. Mary fand das ganz gut, denn so konnte sie sich in Ruhe ein Örtchen suchen, um sich zu erleichtern.

Dann rief sie nach ihrem Pony. Tupfen kam übermütig angaloppiert und streckte ihr den kleinen Kopf entgegen. Seine Ohren spielten und es suchte in ihren Händen nach einem Leckerbissen. Sonst hatte sie immer einen Kanten Brot für ihn, aber hier gab es solche Dinge nicht. „Tut mir leid, aber ich glaube nicht, dass es bei den Indianern Zucker oder Brot gibt. Ich werde etwas anderes für dich finden!", versprach sie ihm.

Die beiden Männer kehrten zurück und packten ihre Bündel. Mary legte ihre Decke sorgfältig zusammen und warf sie auf den Rücken ihres Ponys. Der Indianer brummte zufrieden. Dann brachte er ein ledernes Band und band die Satteldecke damit fest. Er schlang es einfach einmal um den Bauch des Ponys und schon rutschte sie nicht mehr hin und her. Dann wurde Mary an der Taille gepackt und auf das Pony gesetzt. Ohne sich nach ihr umzudrehen, ritten die Indianer voraus und Tupfen folgte den anderen Pferden eifrig. Auch das Pony schien froh darüber, nicht mehr allein zu sein.

Mary tastete nach der Haut in ihrem Gesicht und stellte fest, dass es sich besser anfühlte. Die Salbe schien gewirkt zu haben. Dann wanderte ihr Blick von rechts nach links, um die Gegend zu betrachten. Sie wusste nicht, wohin die Indianer sie brachten, aber darüber machte sie sich keine Gedanken. Sie bewunderte die Landschaft, die sich endlos vor ihr ausbreitete. Jetzt fand sie dies alles nicht mehr bedrohlich, sondern schön.

Im gleichmäßigen Tempo ging es vorwärts. Die Indianer ritten zielstrebig in eine Richtung, wechselten dann manchmal ohne ersichtlichen Grund die Richtung, nur um dann einen weiteren Hügel zu erklimmen. Sie orientierten sich an irgendetwas, aber Mary konnte sich nicht erklären, wie oder wo sie den Weg fanden.

Nach einigen Stunden legten die Männer eine Rast ein, und Mary war froh um die Pause. Sie war erschöpft. Außerdem hatte sie Hunger und Durst. Sie durfte aus einem seltsamen Gefäß etwas trinken und bekam wieder einen Keks. Dann saß sie mit den beiden im Gras und kaute. Die Männer unterhielten sich leise und unterstrichen dabei ihre Worte immer wieder mit Gesten. Mary fand das lustig. Es sah ganz anders aus, als wenn weiße Menschen sich unterhielten.

Schweigend musterte sie die Männer in ihrem Gespräch. Irgendwie schienen sie sich zu ähneln. So wie Vater und Sohn. Beide hatten ein breites Gesicht mit gerader Nase und geschwungenen Lippen. Nur der Ältere hatten eben schon ein paar Falten, aber nicht viele. Mary konnte nicht einschätzen, wie alt die beiden waren. Für sie waren eben alle „alt".

Obwohl der jüngere Mann vielleicht noch nicht so alt war. Vielleicht war er sechzehn oder siebzehn. Vielleicht aber auch schon über zwanzig. Er sah nett aus mit seinen dunklen Augen und den langen schwarzen Haaren. Er war ganz schlank und ziemlich groß. Er war wesentlich größer als es ihr Vater oder einer der anderen weißen Männer gewesen war. Wenn er lächelte, dann sah sie blitzende weiße Zähne in dem dunklen Gesicht. Und er lächelte ziemlich oft. Er schien sich über das kleine weiße Mädchen zu amüsieren, das wieder gierig einen Keks in den Mund stopfte. Er machte eine Bemerkung zu seinem Vater, und dieser lächelte ebenfalls.

Dann rückte der ältere Mann wieder näher zu Mary heran, nahm den Beutel mit der Salbe in die Hand und tauchte seinen Finger hinein. Mary beugte ihr Gesicht näher zu ihm, damit er ihre wunde Haut behandeln konnte. Wieder lächelte der Indianer und Mary lächelte zurück. Sie genoss es, wie der Finger sanft über ihre Haut strich. Dann rückte der Indianer wieder von ihr weg und verstaute den kleinen Beutel. Interessiert wandte er sich ihr zu. „Taku enitschiapi ho?", fragte er.

Mary blinzelte verlegen. Sie verstand die Frage nicht.

Der Indianer zeigte auf seinen Sohn und sagte: „Wambli!" Dann zeigte er auf sich und meinte: „Inyan-ska!"

Mit seinem Zeigefinger stupste er dem Mädchen in den Bauch. Ah, die Indianer wollten ihren Namen wissen. Sie zeigte auf sich und stellte sich vor: „Mary!"

„Meoui?", wiederholte der ältere Mann, der Inyan-ska hieß.

Mary nickte. Es klang ein bisschen anders, aber sie wollte den Indianer auch nicht verbessern.

„Meoui", lächelte Inyan-ska und auch sein Sohn wiederholte den Namen. Dann schwiegen die beiden kurz und begannen wieder ein Gespräch in ihrer melodischen Sprache.

Mary hätte gern gewusst, was die Wörter „Wambli" und „Inyan-ska" bedeuteten, aber vielleicht waren es ja nur Namen, die gar keine Bedeutung hatten. Sie musste aufpassen und die Sprache lernen, beschloss sie. Müde legte sie sich auf die Seite und döste eine Weile.

Sie hatte das Gefühl, kaum eingeschlafen zu sein, als Inyan-ska schon wieder zum Aufbruch drängte.

Mary war erschöpft. Seit Tagen war sie unterwegs und sie wünschte sich ein Bett herbei. Die Indianer nahmen darauf keine Rücksicht. Wieder wurde sie auf ihr Pony gesetzt und Mary hielt sich in der Mähne fest, um nicht zu fallen. Es half ja nichts. Sie musste mithalten, wenn sie nicht allein zurückbleiben wollte.

Munter trabte das Pony hinter den beiden Pferden her und freute sich über die Gesellschaft. Es hatte sich bereits mit den Indianerponys angefreundet und bildete mit ihnen eine kleine Herde. Gemeinsam konnte man offensichtlich viel besser grasen.

Wieder folgte Mary den Indianern über Hügel und endlose Grasebenen, dann stutzte sie, als vor ihnen plötzlich einige Schluchten auftauchten. In der Ferne waren Hügel und Berge zu sehen und Wälder tauchten vor ihnen auf.

Von links näherte sich eine Staubwolke und nach einer Weile erkannte Mary, dass es sich um weitere Reiter handelte. Noch mehr Indianer. Sie hielt ihr Pony ganz nahe bei Inyan-ska, weil sie nun doch ein bisschen beunruhigt war. Die beiden hatten die Pferde gezügelt und warteten in Ruhe ab, bis die Reiter sie erreicht hatten.

Mary sah vielleicht zwanzig Indianer, alle mit Federn im Haar und grimmigen Gesichtern. Sie sahen nicht freundlich aus und ihre Gesichter verfinsterten sich, als sie das weiße Kind sahen. Mary hörte wütende Stimmen und verächtliche Gesten, die in ihre Richtung zeigten, nur Inyan-ska schüttelte immer wieder den Kopf und redete mit ruhiger Stimme auf die anderen ein. Auch Wambli war merkwürdig still und vermied es, zu dem weißen Kind hinzuschauen.

Mary hatte Angst. Diese Indianer waren feindlich. Das spürte sie ganz genau. Aber sie wusste nicht, warum. Warum waren die einen so freundlich und halfen ihr, und die anderen musterten sie mit feindlichen Blicken? Zaghaft fiel ihr Blick auf die Reiter, die alle ähnlich gekleidet waren wie Wambli und Inyan-ska. Ganz hinten führte ein Indianer ein Pony an der Leine, auf dessen Rücken ein Mann lag. Er war tot.
Mary zuckte zusammen und schaute weg. Jetzt wusste sie, warum die Indianer so wütend waren. Jemand hatte den Indianer, der dort über dem Rücken des Pferdes lag, getötet. Würde sie nun dafür bestraft werden? Aber sie hatte doch nichts getan! Sie vermied es, die Indianer anzusehen und hielt sich dicht bei Inyan-ska, der bisher so nett zu ihr gewesen war. Würde er ihr auch jetzt noch helfen?
Auch Wambli schien sie nicht mehr zu mögen und warf ihr genauso finstere Blicke zu wie die anderen. Vielleicht war es doch nicht so gut gewesen, dass die Indianer sie gefunden hatten? Aber nun war es zu spät. Sie konnte nicht fliehen und sie hätte auch nicht gewusst wohin. Sie konnte nur hoffen, dass die Indianer einem kleinen Mädchen nichts antun würden.

Die Indianer ritten in Richtung der Berge und Wälder. Manchmal stießen sie wilde Schreie aus und dann zuckte Mary ängstlich zusammen. Sie war umringt von den Männern und konnte nicht mehr wegrennen, selbst wenn sie es wollte.

Sie überquerten einen flachen Fluss und erklommen an der anderen Seite das Ufer. Dann schwenkten sie in Richtung einiger Kiefern, die einen natürlichen Schutz boten.

Im Westen ging die Sonne unter, und Mary erkannte, dass die Indianer hier rasten würden.

Schweigend sattelten alle die Pferde ab, die sich grasend entfernten oder ein wenig im Wasser planschten.

Die Pferde wussten nichts von den düsteren Gedanken der Menschen. Auch Tupfen entfernte sich und schlug ein paar Mal aus, als einige der Indianerponys zu aufdringlich wurden und ihn beschnupperten.

Mary blieb bei Inyan-ska und wich ihm nicht von der Seite. Er schien ihre Angst zu spüren und zeigte ihr einen Platz, an dem sie schlafen sollte. Kurz strich er über ihre braunen Haare, dann drückte er ihr einen Fleischkeks in die Hand und entfernte sich.

Mary drückte sich enger in die Felsennische und versuchte keine Aufmerksamkeit zu erregen. Vielleicht vergaßen die Indianer einfach, dass sie da war.

Mit großen Augen blickte sie auf die Männer, die sich nun in einen großen Kreis gesetzt hatten. Immer nur einer redete und die anderen hörten sorgsam zu. Manchmal brummten sie ihr Einverständnis oder stießen empörte Rufe aus.

Besonders ein junger Krieger fiel Mary durch seine aggressive Art auf. Er wedelte mit seinen Händen, machte Drohgebärden und spuckte seine Worte voller Hass aus. Wenn er sprach, waren alle still und die Augen der anderen Männer klebten an seinen Lippen. Er schien der Anführer zu sein, obwohl Inyan-ska doch viel älter war.

Aber auch Inyan-ska schien respektiert zu werden, wenn er die Stimme in seiner bedachtsamen Art erhob. Dann senkten alle die Blicke und schienen über seine Worte nachzudenken. Selbst der Wilde zügelte dann seine Gefühle und mäßigte sich in seinen

Worten. Trotzdem ging etwas Gefährliches, Unberechenbares von ihm aus.

Manchmal erhaschte Mary abfällige Gesten, die in ihre Richtung zeigten, und das flößte ihr Angst ein. Sie war doch nur ein Kind. Was konnte die Indianer nur so aufgebracht haben? Hatte es etwas mit dem Toten zu tun? Sie konnte nur Vermutungen anstellen und irgendwann fielen ihr einfach die Augen zu.

Am Morgen wurde sie von leisen Stimmen geweckt. Überall schienen die Indianer sich zum Aufbruch vorzubereiten. Mary wollte zum Fluss und Wasser trinken, aber sie wusste nicht, ob ihr das gestattet war. Außerdem wusste sie nicht, wohin sie bei so vielen Indianern hingehen sollte, um sich zu erleichtern. Sie stand allen nur im Weg herum und manchmal wurde sie unsanft zur Seite geschubst.

Nur Inyan-ska bemerkte ihre Pein und winkte sie zu sich heran. Er ging mit ihr ein Stück stromaufwärts und erlaubte ihr mit einer großzügigen Handbewegung, sich zu entfernen.

Erleichtert hockte sich Mary hinter ein Gebüsch, dann sprang sie zum Fluss, um ein wenig zu trinken und sich frisch zu machen. Sie wusste, dass sie den ganzen Tag auf dem Pferderücken verbringen würde. Sie zog ihr Kleid in die Höhe und tastete nach ihren Schenkeln und Knien. Sie waren wund vom Reiten und sie überlegte, ob sie Inyan-ska davon erzählen sollte. Vielleicht half ja seine Salbe auch hierfür?

Sie ging zu ihm zurück und winkte auffordernd. Dann setzte sie sich ins Gras und hob den Rock ein kleines bisschen hoch, damit er die Entzündung sah. Verblüfft wollte er sich schon abwenden, doch dann kniete er sich neben sie und besah sich die roten Stellen. Besorgt legte er den Kopf schief, dann verzog er die Lippen zu einem leichten Grinsen. Er kramte nach dem Beutel mit der Salbe und drückte ihn ihr in die Hand. Dann stand er auf und ging einfach davon.

Mary seufzte erleichtert und tauchte ihren Finger in die Salbe. Behutsam strich sie ihre Schenkel und Knie damit ein, dann versorgte sie auch ihr Gesicht großzügig mit der heilenden Salbe. Sie knüpfte den kleinen Beutel in den Saum ihres Kleides und rannte zu den Indianern zurück.

Tupfen kam auf ihr Rufen hin angetrabt und schnaubte erfreut. Einige Männer lächelten, als sie das Mädchen mit dem Pony sahen, dann wurden ihre Mienen wieder ernst. Inyan-ska hob sie nach oben und gab Tupfen einen Klaps auf den Hintern. Das Pony hüpfte übermütig, doch dann trabte es brav hinter den anderen Pferden her.

Mary versuchte bequem zu sitzen, um ihre Schenkel zu schonen. Seit Tagen hockte sie auf dem Rücken des Ponys und so langes Reiten war sie einfach nicht gewohnt.

Die Landschaft veränderte sich langsam. Weite Ebenen wurden abgelöst von Felsformationen, Wäldern und sprudelnden Flüssen, manchmal auch klaren Seen. Wieder ritten die Indianer ohne Pause auf ihren ausdauernden Pferden. Nur Tupfen ließ manchmal den Kopf hängen und fiel im Schritt zurück. Auch das Pony wurde müde.

Die Männer schwiegen während des gesamten Rittes und die Stille lag wie drohendes Unheil über der Gruppe. Mary wäre es lieber gewesen, wenn sie geschrien oder gedroht hätten. Diese Stille war beinahe unerträglich.

Die Indianer machten an diesem Tag keine Pause. Mary klammerte sich an der Mähne ihres Ponys fest und biss die Zähne zusammen. Ihre Schenkel waren wie rohes Fleisch und gleichgültig, wie sie ihre Beine schonte, es half nichts. Am liebsten hätte sie gebrüllt vor Müdigkeit und Schmerzen. Ohne auf sie zu achten, ritten die Indianer weiter. Sie schienen das Tempo noch zu erhöhen und Mary hatte Mühe mitzukommen.

Dann lag plötzlich das Tal mit dem Indianerdorf vor ihnen. In der Ferne erhoben sich mehrere Hügel, auf denen Späher standen und ihnen mit den Bögen zuwinkten. Nur die Gipfel der Felsen waren kahl, ansonsten waren die Hügel mit dunklen Kiefern und Bäumen bewachsen. Zwischen dem Grün der Kiefern leuchtete das herbstliche Gelb einiger Pappeln. Weiter unten im Tal befand sich ein ruhiger See, an dem viele Zelte standen. Sie waren rund, nach oben spitz zulaufend und lange Stangen ragten oben heraus. Kleine Rauchsäulen stiegen an Feuern vor den Eingängen auf und über den Feuerstellen hingen Kessel. Mary sah einen schmalen Bach, an dessen Ufer ebenfalls knorrige Bäume standen. Eine riesige Pferdeherde hatte sich überall im Tal verteilt und dazwischen sprangen braunhäutige Kinder herum.
Mary staunte über den Anblick. In all den Erzählungen der Männer hatten Indianer immer nur in dreckigen Zelten oder Höhlen gehaust, aber das hier sah wie ein gemütliches Heim aus.

Unruhe breitete sich in dem Dorf aus, als sie die heimkehrenden Reiter bemerkten und von überall her kamen Männer, Frauen und Kinder angerannt. Sie stellten sich auf, doch die Freudenschreie verklangen bald und wichen einem klagenden Geheul der Frauen, als sie den Toten auf dem Packpferd bemerkten.
Mary gefror das Blut in den Adern. Dieses Heulen und hohe Trällern durchdrang Mark und Bein. Sie sah, wie Frauen und Kinder vor Entsetzen und Trauer die Hände vor den Mund schlugen und Männer traurig den Blick senkten. Etwas Schreckliches war geschehen und Mary erkannte, wie sehr der Verlust dieses jungen Mannes die Menschen hier traf. Irgendwie fühlte sie sich schuldig und sie senkte die Augen, als misstrauische Blicke sie

streiften. Aber sie hatte keine Schuld an dem Tod des Mannes. Nein, sie war nicht einmal dabei gewesen, aber sie verstand, dass es an ihrer Hautfarbe lag, dass alle sie nun anstarrten. Sie war weiß. Hatten weiße Menschen den Indianer getötet?

Wieder kroch die Angst in ihr Herz und sie suchte nach Inyan-ska. Würde er sie beschützen?

Noch war kein Krieger abgestiegen und so blieb auch Mary sitzen. Der Körper des jungen Mannes wurde unter Wehklagen weggetragen, dann war alles still. Ein Mann trat hervor und begrüßte die Heimkehrer. Er hob die Hände nach oben und sang mit lauter Stimme ein Lied. Alle horchten andächtig, erst dann glitten die Männer von den Pferden. Jungen kamen angerannt und nahmen die Pferde entgegen, um sie abzusatteln und zur Herde zu führen. Frauen und Kinder eilten herbei, um die Männer zu begrüßen. Es geschah leise, ohne Jauchzer oder laute Rufe.

Mary saß immer noch auf ihrem Pony und traute sich nicht abzusteigen. Sie sah dunkle Augen in dunklen Gesichtern, die sie flüchtig mit ihren Blicken streiften. Der Anführer der Männer machte eine unwillige Handbewegung in ihre Richtung, woraufhin einer der Männer zu ihrem Pony trat und sie unsanft herunter riss. Mary suchte mit ihren Augen nach Inyan-ska, konnte ihn aber nirgends sehen. Angst kroch in ihr hoch, als sie zu einem großen Zelt geschleift wurde. Sie wollte nicht dorthin!

„Bitte!", flüsterte sie. „Bitte, tut mir nichts!" Ihre Stimme war brüchig vor Angst.

Zum ersten Mal seit Tagen betete sie wieder: „Lieber Gott, hilf mir doch!"

Dann wurde sie in das Zelt gestoßen und auf ein Fell gedrückt. Mit klopfendem Herzen presste Mary die Knie an sich und wartete darauf, was nun folgen würde.

Eine neue Familie

Das Zelt füllte sich mit Männern, die sich in einen großen Kreis setzten. Alle waren still und suchten sich mit ruhigen Bewegungen ihre Plätze. Immer mehr Männer drängten herein, sodass sie sich in einen zweiten Kreis dahinter setzen mussten. Mary saß etwas abseits an der Zeltwand und versuchte sich unsichtbar zu machen. Aber sie wusste, dass sie aus einem bestimmten Grund hier war. Irgendwann würde man sie hervorzerren und über ihr Schicksal beschließen. Das Herz schlug ihr bis zum Hals und sie atmete flach und schnell vor Angst. Wo war Inyan-ska? Ihr flatternder Blick suchte nach Wambli und sie entdeckte ihn schließlich inmitten einiger jüngerer Männer in der zweiten Reihe des Kreises. Er vermied es, sie anzusehen und hatte den Blick gesenkt. Er schien traurig zu sein.

Marys Blick wanderte nach oben, wo die langen Stangen sich kreuzten, und sie konnte den dunkelblauen Himmel darüber erkennen. Es würde bald Nacht werden, dachte sie. Ein junger Mann kniete sich in der Mitte des Zeltes an die Feuerstelle und begann in aller Ruhe ein Feuer zu entfachen. Immer noch war es still und alle warteten geduldig ab, bis die Flammen prasselten. Die Umrisse der Männer warfen gespenstische Schatten an die Zeltwände.

Schließlich stand ein älterer Mann auf und hielt eine kurze Rede. Alle murmelten zustimmend, dann stand der wilde, junge Krieger auf und berichtete in ruhigen Worten, was sich zugetragen hatte.

Mary verstand kein Wort, aber an den Bewegungen konnte sie erkennen, dass er davon erzählte, wie sein Freund getötet worden war. Dann war die Geschichte zu Ende und der Indianer ließ traurig die Schultern hängen. Er machte eine hilflose Geste des Bedauerns und alle konnten sehen, wie sehr ihn der Verlust schmerzte. Auch die anderen saßen still da und schienen über die Geschichte nachzudenken. Schließlich erhob sich der alte Indianer und legte dem Jüngeren die Hand auf die Schulter. Mit zusammengebissenen Lippen setzte der junge Mann sich hin, dann sprang er erbost wieder auf, hob seine Faust und schrie einige hasserfüllte Worte in die Versammlung. Sofort änderte sich die Stimmung und eine Welle des Zorns schwappte über die Menschen. Überall waren plötzlich Rufe zu hören und die jüngeren Männer sprangen ebenfalls auf und drängten sich um den wilden Krieger.

Mary wäre am liebsten im Boden versunken vor Schreck. Sie wollte hier nicht sein. Ihre Lippen zitterten vor Angst und sie machte sich noch kleiner.

Wieder erhob sich der ältere Mann und mit einer energischen Handbewegung sorgte er für Ruhe. Die jungen Männer setzten sich und auch der wilde Krieger nahm seinen Platz ein und beobachtete aufmerksam, was nun gesprochen wurde. Leises Gemurmel war zu hören, dann wurde dem wilden Krieger ein Stab mit Federn überreicht. Überrascht sprang der Krieger auf und nahm den Stab entgegen. Seine Augen leuchteten voller Stolz. Er schien eine ehrenvolle Aufgabe erhalten zu haben.

Die Klappe des Zeltes wurde angehoben und Inyan-ska trat herein. Mary wäre am liebsten aufgesprungen und zu ihm gelaufen, aber ihre Beine waren vor Angst so weich wie Brei.

Inyan-ska hatte sich umgezogen. Er trug nun ein ledernes Hemd mit langen Fransen und schöner Stickerei. Außerdem trug er eine Federhaube auf dem Kopf, die ihn noch größer erscheinen ließ. Alle Aufmerksamkeit wandte sich ihm zu und Mary erkannte, dass er tatsächlich ein wichtiger Mann sein musste.

Er lächelte kurz, dann sprach er zu der Versammlung. Mit der Hand deutete er auf Mary und alle Augen wandten sich ihr zu. Mary erkannte mit Schrecken, dass es nun um sie ging. Jetzt! Jetzt würde über ihr Schicksal beraten werden. All die Angst, all die Trauer stiegen plötzlich in ihr hoch und dicke Tränen kullerten über ihr Gesicht. Sie zitterte am ganzen Körper und sie wimmerte leise. Sie wollte nicht mehr hier sein.

Inyan-ska hockte sich erschrocken vor sie hin und strich mit der Hand über ihr tränennasses Gesicht. „Kopechla schni yo!", murmelte er beruhigend. „Kopechla schni yo!"

Sie hatte das schon einmal gehört. Bedeutete es, dass alles gut werden würde? Sie sah in seine Augen und fand keine Gemeinheit darin, nur wahre Sorge und Achtung.

Inyan-ska winkte einen jungen Mann herbei, der sich ebenfalls zu ihr hinhockte und sie mit seinen braunen Augen fragend ansah. „Wo deine Eltern?", fragte er in schlechtem Englisch.

Mary konnte nicht antworten. Sie wollte nicht. Ihre Tränen rannen die Wangen hinunter und sie zuckte nur mit den Schultern.

„Wo deine Eltern?", wiederholte der junge Mann die Frage.

„Tot!", flüsterte Mary dieses eine gemeine Wort. Mehr gab es nicht zu sagen. Sie wappnete sich, weitere bohrende Fragen zu beantworten und war verwirrt, aber auch überrascht, dass dem jungen Mann die kurze Antwort offensichtlich genügte. Erklärend wandte er sich an Inyan-ska, der nur kurz mit dem Kopf nickte. Energisch wippte Inyan-ska auf seine Füße und erhob sich. Dann streckte er die Hand nach Mary aus. „Hiyu wo!", befahl er freundlich.

Mary nahm die dargebotene Hand und ließ sich nach oben ziehen. Immer noch weinte sie herzzerreißend, doch Inyan-ska drückte ihr die Hand auf das Herz und lächelte. Es war so beruhigend, dass Mary ihr Gesicht an sein ledernes Hemd drückte und am liebsten die ganze Welt um sich herum vergessen hät-

te. Inyan-ska nickte, dann drehte er sich mit dem Kind einmal im Kreis, damit alle es sehen konnten. Dann sagte er mit lauter Stimme „Mitschunkschi" und alle antworten mit einem „Aho".
Mary wusste nicht, was das bedeuten sollte, doch die Blicke der Männer ruhten nun freundlich auf ihr, selbst der wilde Krieger nickte zufrieden und lächelte.
An der Hand von Inyan-ska wurde Mary aus dem Zelt geführt und sie atmete erleichtert auf. Erst jetzt merkte sie, wie müde und erschöpft sie war. Trotzdem sah sie sich nach ihrem Pony um. Wo war Tupfen geblieben?
Sie klopfte sich auf die Brust und fragte: „Mitawa?" Sie wusste nicht, was „Pferd" bedeutete, aber sie hoffte, dass der Indianer sie trotzdem verstand. Inyan-ska kicherte erheitert. Es war das erste Mal, dass Mary einen Indianer kichern hörte und es klang so lustig, dass sie alle Angst vergaß und ebenfalls gluckste. Wieder schossen ihr die Tränen in die Augen, aber dieses Mal war es vor Erleichterung.

Inyan-ska wandte sich an Wambli, der ebenfalls das Zelt verlassen hatte und nun neben ihnen stand. Er stellte ihm eine Frage und Wambli deutete mit der Hand auf eine Stelle in der Nähe des Flusses: „Schunka wakan nitawa kin lel un yelo!", erklärte er.
Mary kniff die Augen zusammen und sah in die angegeben Richtung. Tatsächlich! Dort stand Tupfen zwischen einigen anderen Pferden und graste friedlich. Alles war gut.
Sie nickte lächelnd und wandte sich wieder an Inyan-ska: „Mitawa?", fragte sie ihn. Sie wollte sichergehen, dass Tupfen immer noch ihr Pony war.
Die beiden Männer lachten gutmütig, dann meinten sie augenzwinkernd: „Nitawa!" – deins.

Belustigt kniete sich Inyan-ska vor Mary hin und tippte ihr mit dem Zeigefinger in den Bauch. „Wana Taschunka-gleschka-win enitschiapelo!"

Mary verstand kein Wort. Der Indianer deutete wieder auf sich und sagte: „Inyan-ska!" Dann zeigte er auf Mary und sagte: „Taschunka-gleschka-win!"

Mary nickte. Er hatte ihr einen neuen Namen gegeben! Aber was bedeutete er? Inyan-ska erkannte, dass sie es nicht verstand und wischte mit der Hand ein wenig Sand glatt. Dann zeichnete er erst ein Mädchen mit lockigem Haar und anschließend ein Pferd in den Sand und bemalte es mit Flecken. Genauso wie Tupfen sie hatte. „Taschunka-gleschka-win!", lächelte er. Geflecktes Pferdemädchen! Mary konnte ihr Glück kaum fassen. Sie hatte einen so wunderschönen Namen bekommen! Geflecktes Pferdemädchen. Ihre Augen strahlten vor Erleichterung wie das Licht der Sterne. Alles würde gut werden. Das spürte sie genau!

Vertrauensvoll fasste sie Inyan-ska an der Hand und ließ sich von ihm zu einem weiteren Zelt führen. Inzwischen war es fast dunkel, doch sie erkannte, dass das Zelt von außen mit Pferden bemalt war. Es sah schön aus.

Inyan-ska öffnete den Eingang und ließ sie eintreten. Unsicher blieb Mary stehen, denn im Zelt befanden sich noch andere Leute. Eine Frau hockte am Feuer und legte eine Handarbeit zur Seite, als sie das weiße Kind sah, und ein Mädchen rutschte aus dem Hintergrund des Zeltes näher. Ein weiterer Kopf lugte neugierig unter Decken hervor und dann versteckte sich der kleine Junge hinter seiner Mutter. Mary wurde beiseite geschoben, damit auch Inyan-ska und Wambli eintreten konnten. Jetzt wusste

Mary, dass Wambli tatsächlich der Sohn von Inyan-ska war. Die Männer setzten sich ans Feuer und bedeuteten Mary, dass sie sich auch setzen sollte. Verlegen ließ sich Mary auf den Fellen nieder und legte die Hände in den Schoß. So viele Menschen! Eine richtige Familie.

Die Mutter lächelte sie mit gütigen Augen an und reichte ihr eine Schüssel mit Suppe. Oh, es roch köstlich! Hungrig schaufelte Mary das Essen in sich hinein. Dabei konnte sie verstohlen die anderen beobachten. Die Mutter gefiel ihr. Sie hatte ein rundes, braunes Gesicht, das Ruhe und Geborgenheit ausstrahlte. Ihre langen Zöpfe fielen ihr über die Schultern nach vorne und sie trug ein ledernes Kleid mit langen Fransen. Mary gefielen die Fransen. Sie sahen hübsch aus. Die Tochter war vielleicht so alt wie Mary selbst. Sie hatte lachende Augen, die ihr vergnügt zublinzelten. Mit ihr konnte man bestimmt gut spielen und scherzen, überlegte Mary. Sie zwinkerte zurück und augenblicklich tauchte das Mädchen hinter ihre Mutter, als hätte sie Angst vor ihrem eigenen Übermut.

Dafür tauchte der Schopf des kleinen Jungen wieder auf. Er ist ja noch ein Baby, bemerkte Mary. Er kletterte auf den Schoß seiner Mutter und musterte das fremde Mädchen mit großen schwarzen Augen. Seine Haare waren noch etwas lockig und reichten nur bis zum Nacken. Seine Schwester dagegen hatte, wie ihre Mutter, lange Zöpfe, die ihr bis ins Kreuz fielen.

Die warme Suppe breitete sich angenehm in Marys Magen aus und sie seufzte leise. So etwas Leckeres hatte sie schon lange nicht mehr gegessen. Ihr Blick wanderte durch das Zelt und blieb an den verschiedenen Ausrüstungsgegenständen hängen. Überall am Boden waren warme Felle und für die Männer stand ein Geflecht aus Zweigen bereit, an das sie sich mit den Rücken lehnen konnten. Waffen und Schilde hingen über dem Eingang und an den Stangen baumelten Bündel mit getrockneten Kräutern und Knollen. An den Zeltwänden standen bunte Taschen auf dem Boden und aus einer geöffneten Tasche quollen einige Kleidungsstücke heraus. Wie ein Koffer, dachte Mary überrascht.

Die Schale in Marys Hand wurde wieder mit Suppe gefüllt, und dankbar löffelte Mary auch diese Portion in sich hinein. Die ganze Zeit war es still gewesen. Erst jetzt sprach Inyan-ska mit leiser Stimme zu seiner Frau. Dann wandte er sich an Mary: „Taschunka-gleschka-win!" Mit einer weiten Bewegung seiner Hand stellte er nacheinander die Familienmitglieder vor: „Atewaye!", nannte er sich selbst und „Iná" die Mutter." Mary erfuhr, dass das Mädchen „Hanhepi-win" hieß und der kleine Junge „Ptan". Wambli kannte sie ja bereits.

Aber sie erfuhr an diesem Abend noch mehr. Sie lernte, dass sie das Mädchen „Schwester" und die beiden Jungen „Bruder" nennen durfte. Und etwas viel Wichtigeres wurde ihr klar. „Atewaye" bedeutete Vater und „Iná" bedeutete Mutter.

Sie durfte Vater und Mutter zu ihnen sagen. Sie hatte eine neue Familie gefunden, mit Vater und Mutter, einer Schwester und zwei Brüdern. Noch nie in ihrem Leben hatte sie sich so reich beschenkt gefühlt. Als sie zum ersten Mal in dem Zelt in ihre Decken kroch und ihre Hände sich in das weiche Büffelfell gruben, wusste sie, dass sie endlich wieder ein Zuhause hatte. Sie brauchte kein Haus aus Balken. Sie brauchte auch kein Oregon und keine ratternden Planwagen. Sie wollte eine Familie, die für sie sorgte und für sie da war.

Ihr Körper war wie erschlagen und ihr Geist müde von der Aufregung des vergangenen Tages. Die Augen fielen ihr zu und kurz dachte sie noch an Tupfen. „Du hast jetzt auch eine neue Herde!" Dem Pony gefiel es in der Gesellschaft der anderen Pferde bestimmt viel besser! Sie lauschte auf die leisen Stimmen am

Feuer und lächelte. Die Sprache klang so schön. Sie würde sich anstrengen, sie ganz schnell zu lernen.

Am Morgen wurde sie von leisem Gemurmel und ruhiger Aktivität im Zelt geweckt. Wambli und Inyan-ska hatten das Tipi schon verlassen und ihre neue Mutter lächelte sie freundlich an. Sie winkte mit der Hand und bedeutete Mary mitzukommen. Auch die neue Schwester und der kleine Bruder liefen schlaftrunken mit.

Mary folgte ihnen zum See und sah erstaunt zu, wie die Mutter den kleinen Jungen sorgfältig wusch und ankleidete. Dann winkte sie Mary heran und gab ihr zu verstehen, dass auch sie sich waschen sollte. Die neue Schwester hatte sich bereits ausgezogen und glitt mit ihrem braunen Körper ins Wasser. Andere Frauen und Mädchen kamen näher, entkleideten sich und badeten im See.

Mary genierte sich. Was, wenn die Jungen vorbeikamen und sie ganz nackt sahen? Aber ihre neue Mutter zog ebenfalls ihr Kleid aus und stellte sich ins Wasser. „Hiyu-we!", rief sie freundlich. Mary zögerte, doch dann zog sie ihr rosa Kleid aus und watete ebenfalls ins Wasser. Aus den Augenwinkeln heraus konnte sie sehen, dass einige Mädchen die Hände vor den Mund schlugen, als sie ihre weiße Haut sahen.

Es war ihr peinlich und so tauchte Mary schnell ins tiefere Wasser. Sie schwamm einige Züge und spritzte Hanhepi-win Wasser ins Gesicht. Ob Indianerkinder fangen spielten? Sie kreischte und paddelte davon, und Hanhepi-win folgte ihr tatsächlich. Es war schön so zu spielen. Doch das Wasser war kalt und so schwammen die beiden bald wieder zum Ufer zurück.

Die Mutter hatte sich bereits angezogen und kämmte ihr langes Haar. Mary wollte wieder in ihr schmutziges Kleid schlüpfen, doch die Mutter schüttelte den Kopf und zeigte auf einige Kleidungsstücke, die im Gras lagen. Neugierig hob Mary die Sachen hoch und staunte nicht schlecht. Richtige Indianerkleider! Sie schlüpfte in das lederne Kleid mit den langen Fransen und ließ sich von Hanhepi-win zeigen, wie man die kniehohen Beinkleider anlegte. Dann drehte sie sich bewundernd im Kreis. Nur Schuhe waren keine für sie da und so zog sie ihre alten Schuhe an.

Dann winkte die Mutter sie näher heran und strich mit ihren Händen durch die langen, verfilzten Haare. Sie verzog das Gesicht und schüttelte mitfühlend den Kopf. Es sah wirklich schlimm aus! Sie nahm den Kamm, der aus Holz geschnitzt war, und fing an, Strähne für Strähne zu entwirren. Mary hatte das Gefühl, bis zum Mittag am See zu sitzen, während die Mutter ihr geduldig das Haar kämmte. Doch irgendwann lag das Haar in ordentlichen braunen Wellen über ihren Schultern und die Mutter begann, es in zwei Zöpfe zu flechten. So, wie bei den anderen Mädchen auch. Alle Frauen und Mädchen trugen das Haar zu Zöpfen geflochten. Es war ja auch vernünftig, denn der Wind würde es nur durcheinander wirbeln.

Danach bückte sich Iná zum Wasser und begann das rosa Kleid zu waschen. Sie benutzte so etwas wie Seife, aber die Pflaumenflecken konnte man damit nicht ganz entfernen. Dann legte Iná das Kleid zum Trocknen über einen Busch.

Mary hatte Hunger und hoffte, dass es nun etwas zum Essen gab. Aber noch mehr interessierte es sie, wie es ihrem Pony ging. Durfte sie sich einfach entfernen? Sie nahm Hanhepi-win an der Hand und zeigte in Richtung ihres Ponys. Zu gern wollte sie ihrer neuen Schwester das Pony zeigen. Die Mutter lächelte freundlich und entließ die beiden Mädchen mit einer leichten

Handbewegung. Dann nahm sie den kleinen Jungen auf den Arm und ging ins Dorf zurück.

Mary zog Hanhepi-win zu der riesigen Pferdeherde, die in der Nähe graste und rief nach ihrem Pony. „Tupfen! Tupfen, komm her!", lockte sie ihn. Tatsächlich hob sich der Kopf aus der Menge und das Pony kam angaloppiert. Es wieherte zur Begrüßung und stupste Mary mit dem Maul an. Mary legte ihren Arm um den Hals des Ponys und vergrub ihren Kopf in der Mähne. „Mein Tupfen", flüsterte sie glücklich. „Sieh nur, ich habe nun eine Schwester!"
Sie drehte sich zu Hanhepi-win um und zeigte auf das Pony. „Tupfen!", stellte sie es vor.
„Tufen?", wiederholte das Mädchen. Dann lachte sie und meinte: „Schunka wakan kin lila tschikala!" Dabei zeigte sie mit ihren Fingern, dass Tupfen wirklich ein sehr kleines Pferd wäre.
Mary lachte. Ja, Tupfen war ein Schunka wakan tschikala, ein kleines Pferd.
„Willst du reiten?", fragte sie ihre Schwester.
Das Mädchen riss überrascht die Augen auf und hörte auf die fremden Worte. Sie konnte kein Englisch und so hatte sie die Frage nicht verstanden. Mary deutete auf den Rücken des Pferdes und jetzt verstand Hanhepi-win. „Han!", lächelte sie, und Mary hatte ein weiteres Wort gelernt. „Han" bedeutete „ja".

Sie half ihrer Schwester beim Aufsteigen und dann führte sie Tupfen im Kreis herum. Er hatte immer noch das Halfter mit dem Strick um den Kopf und Mary überlegte, ob es nicht gefährlich war, wenn das Seil am Boden schleifte und das Pony darüber stolperte.

Sie beschloss, das Seil loszuknoten, wenn sie das Pony wieder weiden ließ.

Jetzt war es als Leine ganz praktisch und sie zog das Pony bis zum Dorf zurück. Unsicher blickte sie auf die vielen Zelte und wusste nicht mehr, in welchem ihre neue Familie lebte. Stattdessen sah sie den wilden Krieger vor sich und sie machte einen großen Bogen, um nicht in seine Nähe zu geraten.

Er stand mit einigen anderen jungen Männern zusammen und führte hitzige Reden. Er sah nach Kampf und Gefahr aus. Mit einer geschmeidigen Bewegung schwang er sich plötzlich auf sein Pferd, riss den Bogen in die Höhe und stieß einen lauten Schrei aus. Dann galoppierte er direkt auf Mary zu. Auch die anderen jungen Männer schwangen sich auf ihre Pferde und folgten ihm mit lauten, hektischen Schreien.

Die Menschen jubelten ihnen mit einem hohen Trällern zu, nur Mary rutschte das Herz hinunter.

So müssen die Indianer aussehen, vor denen sie mich immer gewarnt haben, dachte sie mit Schrecken. Genau so! Junge Krieger, die ihre Waffen schwangen und mit Lendenschurz und fransenbesetzten Hemden bekleidet auf ihren Pferden hockten, mit wehenden Federn im Haar. Die Gruppe stob davon und verschwand in einer Staubwolke.

Furchtsam drehte sich Mary zu ihrer Schwester um. „Iná?", fragte sie. Sie wollte ganz schnell zu ihrer neuen Mutter zurück. Hanhepi-win rutschte vom Pferd und half nun Mary beim Aufsteigen. Dann nahm sie den Strick und führte Tupfen bis zum Zelt ihrer Eltern. Mary sah sich gut um, damit sie das Zelt beim nächsten Mal alleine finden konnte. Sie rutschte vom Pferderücken hinunter und band den Strick los, dann entließ sie ihr Pony wieder zur Herde. Sie ließ sich von Hanhepi-win ins Zelt ziehen und setzte sich in die Nähe der Feuerstelle. In der Nacht war das Feuer ausgegangen und noch hatte es niemand wieder entfacht. Vielleicht kannten Indianer so etwas wie Frühstück nicht, überlegte Mary. Iná drückte den Kindern einen Fleischkeks in die Hand und Mary erkannte, dass zum Frühstück wohl nicht gekocht wurde. Hungrig knabberte sie an dem getrockneten Fleisch und beobachtete genau, was die anderen sagten oder taten.

Einige Wörter hatte sie schon gelernt und nun lauschte sie der fließenden Unterhaltung. Doch gleichgültig, wie sehr sie sich auch anstrengte, sie verstand kein Wort. Nur wenn die Mutter sich an sie wandte und ganz langsam einzelne Wörter sprach, ergaben sie einen Sinn. Es würde wohl noch eine Weile dauern, ehe sie diese Sprache konnte.

Neue Freunde

Die Mutter hatte sich auf ihren Platz gesetzt und klopfte mit einem runden Stein irgendwelche Früchte klein. Sie war vertieft in ihre Arbeit und Mary begann sich zu langweilen. Was machte man als Indianermädchen eigentlich den ganzen Tag? Hanhepi-win schien ihre Gedanken zu erraten, denn sie lächelte freundlich und gab ihr mit einer Handbewegung zu verstehen, dass sie ihr folgen sollte. Erleichtert hüpfte Mary aus dem Zelt.

Hanhepi-win führte sie ein Stück den Hang des Tales hinauf und verschwand zwischen Kiefern, die hier einen lichten Wald bildeten. Überall lagen Äste am Boden und das Indianermädchen begann, diese zu einem Bündel zusammenzulegen. Sie sammelte Feuerholz! Mary bückte sich ebenfalls nach den Ästen und legte sie auf einen Haufen. Dann zog Hanhepi-win einen langen Strick hervor und band das Holz zusammen, sodass sie das Bündel auf ihrer Schulter tragen konnte. Auch Marys Holz wurde so geschnürt und Mary hob das Bündel auf ihren Rücken. Es war nicht so schwer, wie sie dachte, und gemeinsam gingen die Mädchen wieder ins Dorf zurück.

So begann Mary ihre Pflichten als Tochter von Inyan-ska und Iná. Täglich sammelte sie Holz in der Umgebung, damit Mutter kochen oder abends das Zelt einheizen konnte. Denn von einem Tag auf den anderen wurde es nachts kalt. Mary war froh, dass sie sich in die warmen Felle kuscheln konnte. Manchmal drückte sich der kleine Junge an sie heran und wärmte sie wie ein Backofen.

Einmal kam auch ein buntgefleckter Hund zu ihnen ins Zelt und rollte sich bei ihren Füßen zusammen. Sonst liefen die Hunde immer wahllos durchs Dorf, schienen keiner Familie zu gehören und ziemlich wild zu sein. Mary hatte bisher nicht gewagt, einen zu streicheln. Auch dieser Hund schien lediglich die Wärme zu suchen und sonst keinen Kontakt zu wünschen. Sie sah aber auch nie, dass die Indianer den Hund gestreichelt hätten.

Mary lernte andere Mädchen kennen, konnte sich die vielen indianischen Namen oft nicht merken. Noch ergaben die Worte keinen Sinn für sie und so war es schwierig, sich die langen Namen einzuprägen. Wie sollte man sich „Machaju o ite win" merken, wenn man nicht wusste, dass es „Regen-ins-Gesicht-Mädchen" hieß. Eine Freundin ihrer Schwester hieß „Wakpala win", Bach-Mädchen, und dieser Name ergab einen Sinn, weil Mary jeden Morgen am Bach Wasser schöpfte und daher das Wort bereits kannte. Meistens gingen sie zu dritt an den Bach und füllten seltsame Behälter mit Wasser. Es waren keine Flaschen, sondern wabbelige, dehnbare Beutel, die sie mit klarem Wasser füllten. Irgendwann lernte Mary, dass es sich dabei um Büffelblasen handelte. Eigentlich sind Indianer ziemlich schlau, dachte sich Mary dann.

Trotzdem war sie froh, dass Mutter das Essen in einem Topf in einem eisernen Kessel kochte, den sie über das Feuer hängte. Sie wunderte sich, woher ihre Mutter den Kessel hatte, konnte aber noch nicht genügend Wörter, um etwas so Schwieriges zu fragen. Irgendwann würde sie es schon in Erfahrung bringen. Sie sah auch andere Dinge, die die Indianer unmöglich selbst hergestellt haben konnten. Zum Beispiel die Messer oder Gewehre, die sie hatten.

Ihre Mutter besaß einen kleinen Spiegel, den sie achtsam in einer Tasche aufbewahrte. Manchmal durfte auch Mary einen Blick hineinwerfen und dann wunderte sie sich, wer ihr da entgegenblickte. War das wirklich sie?

Sie sah ein braungebranntes Mädchen mit festen Zöpfen. Nur die blauen Augen zeigten, dass sie noch vor wenigen Wochen ein weißes Kind gewesen war.

Wenn sie mit den anderen Mädchen spielte, konnte man gänzlich vergessen, dass sie erst vor kurzem hierher gekommen war.

Hanhepi-win hatte ihr eine Puppe geschenkt und nun saß Mary oft mit den anderen Mädchen im Gras und spielte. Sie hatte sich daran gewöhnt, dass die Puppe ganz anders ausaus, als die Puppe, die sie im Planwagen zurückgelassen hatte. Die indianische Puppe war aus Lederresten genäht und hatte Kleidung an, die genauso aussah wie die Kleidung der Mutter. Die Augen waren aus winzigen Perlen gestickt und die Haare schienen aus Büffelwolle zu sein. Man konnte sie nicht an- und ausziehen, aber man konnte sie füttern und wie ein Baby in einem Wiegebrett auf dem Rücken tragen. Meistens schienen die Mädchen so etwas wie Vater, Mutter, Kind zu spielen, aber sie machten auch kleine Geschicklichkeitsspiele, bei denen sie versuchten, einen Stock in einen Kreis zu werfen.

Für Mary vergingen die Tage und Wochen wie im Flug. Täglich lernte sie neue Worte dazu und nach kurzer Zeit konnte sie schon kleine Sätze sagen. Das musste sie auch, denn niemand sprach Englisch mit ihr. Die Mutter nahm Rücksicht darauf, dass sie noch viel lernen musste und sprach langsam und deutlich, doch die kleinen Mädchen plapperten im Spiel wie fließendes Wasser. Mary musste sich gehörig anstrengen, um überhaupt etwas zu verstehen. Aber so lernte sie schnell. Sie wollte mit den Mädchen spielen und an ihrer Unterhaltung teilnehmen.

Sie war so beschäftigt mit all den neuen Dingen, dass sie Tupfen manchmal ganz vergaß. Doch dann war es das Pony, das plötzlich entrüstet vor ihr stand und sie mit dem Kopf anstupste, als wollte es sagen: Wo bist du denn geblieben?

Manchmal lachte Hanhepi-win über das seltsame Pony, wenn sie ein wenig am Fluss entlangritten. Mary fand es schön, wenn sie ihre neue Schwester ganz für sich hatte. Dann redete Hanhepi-win langsam und versuchte, ihre Worte mit Händen und Füßen verständlich zu machen.

Wenn der Vater oder der große Bruder von der Jagd zurückkehrten, gab es viel Arbeit für die Frauen und Mädchen, denn sie mussten die Jagdbeute verarbeiten. Mary ekelte sich davor, denn sie fand es grässlich, wenn einem Reh der Bauch aufgeschlitzt wurde und die Gedärme herauskamen. Dann stand sie daneben und wünschte sich zu Tupfen zurück. Andererseits freute sie sich auf das Fleisch, das dann im Topf schmorte.

Iná lachte freundlich, als sie mit ihrem Messer durch das Fleisch schnitt und schien ihren Ekel zu ignorieren. „Alle Mädchen müssen das lernen, wenn sie einmal eine Familie versorgen wollen!", erklärte sie. Mary hatte ihre Worte verstanden und nickte gehorsam. Trotzdem kämpfte sie mit Übelkeit und wäre am liebsten davon gelaufen. „Geh nur!", erlaubte ihr die Mutter. „Du kannst mir später beim Schaben des Fells helfen!"

Mary hätte sie vor Dankbarkeit am liebsten umarmt, aber die Hände der Mutter waren blutig, außerdem hielt sie das scharfe Messer in der Hand. Also drehte sich Mary um und lief in Richtung der Pferdeweiden.

Tupfen würde sich freuen, wenn sie ein wenig Zeit für ihn hatte. Außerdem war es empfindlich kalt geworden und sie wollte nachsehen, ob das Pony noch genügend Fressen fand. Die Pferdeherde hatte das Gras in der Nähe des Dorfes abgeweidet und sich inzwischen ein gutes Stück entfernt. Mary folgte dem Lauf des Bachs, bis sie hinter einer Biegung die ersten Pferde sah. „Tupfen!", rief sie laut. „Tupfen!"

Wie aus dem Nichts tauchte plötzlich ein Junge vor ihr auf. Er war größer und älter als sie und schien verärgert zu sein. „Was machst du hier?", herrschte er sie an.

Mary fiel ein, dass meistens die Knaben auf die Pferde aufpassten und dass sie hier einem Wächter gegenüberstand.

„Ich, ich suche mein Pferd", stotterte sie verlegen.

„Geh zurück!", befahl der Junge. „Mädchen haben hier nichts zu suchen!"

In Mary stieg der Zorn hoch. Was bildete dieser Bengel sich eigentlich ein? Was sollte das bedeuten, dass sie hier nichts zu suchen hatte? Natürlich hatte sie hier etwas zu suchen! Ihr Pony!

Sie suchte krampfhaft nach den richtigen Worten, um an dem Jungen vorbeizukommen. Es machte sie wütend, dass sie ihm nicht die Meinung sagen konnte, wie sie es bei einem weißen Jungen getan hätte. „Ich suche mein Pferd!", wiederholte sie stur.

Der Junge blitzte sie wütend an und schüttelte den Kopf. „Geh zurück!", befahl er barsch.

Mary bekam einen roten Kopf. Ihr fehlten die Worte, um ihren Willen durchzusetzen. Sie wollte an dem Jungen vorbei.

Ohne zu überlegen, schupste sie ihn zur Seite und wollte sich vorbeidrängen. Der Junge verlor ein wenig das Gleichgewicht und schlug mit seinem Bogen zu. Wahrscheinlich tat er es nicht mit Absicht, doch er traf Mary unsanft über dem Auge. Mary zuckte zusammen und hielt sich die wunde Stelle. Ihre Finger wurden warm und sie fühlte, wie ein wenig Blut an ihrer Schläfe herunterrann. Er hatte sie verletzt. Tränen stiegen ihr in die Augen. Man ließ sie nicht zu ihrem Pony! Hatte man es ihr weggenommen? Der Junge machte eine hilflose Geste und sagte etwas zu ihr, was sie nicht verstand. Es war ihr auch gleichgültig. Er hatte ihr wehgetan. Sie drehte sich auf dem Absatz um und rannte ins Dorf zurück.

Sie flüchtete in die Arme von Iná, die tröstend auf sie einredete. Immer wieder fragte sie, was denn passiert wäre und Mary konnte immer nur „mein Pony", „mein Pony" stammeln.

Schließlich nahm Iná sie an der Hand und brachte sie zu der Weide mit den Pferden. Misstrauisch blickte Mary sich um, aber der Junge ließ sich nicht blicken. So ein Feigling, dachte Mary erbost. Doch dann war all ihr Ärger vergessen, denn Tupfen kam auf sie zugaloppiert und wieherte vergnügt. Sein Atem wehte ihr als kleine Wolke entgegen und überglücklich umarmte sie ihn. „Ich wollte dich doch besuchen!", entschuldigte sie sich bei ihm. „Geht es dir gut?" Sie klopfte dem Pony auf Schultern und Rücken und strich ihm über das dichte Fell. Er schien gesund und wohlgenährt zu sein. Nur das Halfter hing unansehnlich an seinem Kopf herunter und schien sich aufzulösen. Sie machte es los und ließ es ins Gras fallen. Man konnte es sowieso nicht mehr benutzen.

Iná rief nach ihr und sie kehrte zu ihrer Mutter zurück. Behutsam tastete Inás Finger über den kleinen Riss am Auge und sie machte eine fragende Handbewegung. „Ein Junge", erzählte Mary. „Er wollte nicht, dass ich zu meinem Pony gehe." Sie war stolz, dass sie schon einen ganzen Satz sagen konnte.

„Es ist gefährlich, sich allzu weit vom Dorf zu entfernen", erklärte Iná. „Aber er sollte dich nicht schlagen!" Ihre Augen waren ernst.

Mary nickte. Aber wie sollte sie dann ihr Pony besuchen? Durfte sie nicht mehr zu ihm gehen? Würden dann die anderen Jungen auch so grob sein? Bisher hatte sie um die Jungen des Dorfes einen weiten Bogen gemacht. Ihre Spiele waren wild. Eigentlich spielten Mädchen und Jungen nie miteinander. Sie machten überhaupt nichts zusammen. Selbst Wambli, ihr älterer Bruder, redete fast nie mit seinen Schwestern. Er kam nur zum Schlafen und Essen nach Hause, manchmal auch das nicht, und war ansonsten mit seinen Freunden verschwunden.

Traurig verabschiedete sich Mary von ihrem Pony. „Ich besuche dich bald wieder!", versprach sie. „Hoffentlich!"

Die nächsten zwei Tage konnte sie das Tipi kaum verlassen, weil es regnete und schon bald kam der erste Frost. So früh, dachte Mary besorgt. Was sollte ihr Pony im Winter fressen? Sie dachte an den Heuschober ihrer Eltern und überlegte, wo die Indianer ihr Heu lagerten.

Sie saß auf dem Boden, wackelte unschlüssig mit ihren Füßen und besah sich die Schuhe. Die Sohle hatte sich an einer Stelle gelöst und auch sonst waren sie unansehnlich. Iná lachte mit ihren freundlichen Augen und kramte in ihren Bündeln. Dann zog sie ein paar Mokassins hervor. Sie waren neu und für den Winter bereits mit Büffelwolle gefüttert. Dankbar nahm Mary die Mokassins entgegen. Sie zog die alten Schuhe aus und legte sie achtlos neben sich, dann schlüpfte sie in die neuen Schuhe. Sie passten wie angegossen und waren wunderbar warm. „Pilámaya!", murmelte sie glücklich. Danke!

Jetzt war sie wirklich eine Indianerin geworden. Sogar ein Messer hing an ihrem Gürtel. Mit ihm konnte sie Fleisch schneiden oder nach Zwiebeln graben.

Überhaupt hatte sie in den letzten Wochen viel über das Land gelernt. Iná hatte ihr gezeigt, welche Früchte und Pilze man essen konnte und wo man sie fand. Abends hatte sich Inyan-ska zu ihr gesetzt und die Sterne am Himmel erklärt. Sie verstand nicht alles, was er sagte, aber inzwischen fand sie den Stern, der stets am nördlichen Himmel stand und sich nicht bewegte. Dort war Norden.

Es gab so viel zu entdecken und zu lernen. Sie konnte inzwischen mit einem Schabewerkzeug die Felle von Fett- und Fleischresten befreien und sah zu, wenn Iná die Felle gerbte. All dies war wichtig, denn mit den gegerbten Fellen konnte man Mokassins und Kleidung herstellen. Dann wieder achtete sie auf Ptan, ihren kleinen Bruder, damit ihm nichts zustieß. Die Mutter erwartete stets, dass eines der Mädchen gut auf den kleinen Bruder aufpasste. Nie durfte er zu nah an den See oder Bach und die Kinder wachten darüber, dass er nicht ins hohe Gras lief, wo vielleicht Klapperschlangen lauerten.

Mary wunderte sich, dass der kleine Junge nie geschimpft wurde, obwohl er oft Unsinn anstellte. Wenn er etwas nicht haben durfte, dann räumte die Mutter es so weg, dass er es nicht sehen konnte. Wenn er irgendwohin lief, wo er in Gefahr kam, dann nahm ihn stets jemand an der Hand und führte ihn in eine andere Richtung.

Mary konnte sich noch daran erinnern, wie oft ihr Bruder geschlagen worden war. Hier gab es so etwas nicht. Selbst wenn sie etwas falsch machte, nahm man sie geduldig zur Seite und zeigte es ihr wieder und wieder. Solange bis sie es richtig machte. Niemand lachte sie aus, wenn sie etwas falsch aussprach und geduldig wiederholten alle die Wörter, bis Mary sie richtig konnte. Alles verlief ruhig und ohne Hektik. Es war schön.

Der eisige Regen ließ schließlich nach und Mary freute sich darauf, endlich ihr Pony zu sehen. Es gefiel ihr nicht, dass die Herde inzwischen so weit entfernt war. Am liebsten hätte sie Tupfen neben dem Zelt angebunden oder ins Zelt hineingezogen. Was, wenn er fror? Die Indianer hatten ja keinen Stall. Sie fragte sich ohnehin, was die Pferde im Winter machen würden, wenn erst der Schnee fiel und liegen blieb. Im Moment knirschte es unter ihren Mokassins, doch es war nur Frost und kaum Schnee. Sie lief in Richtung der Hügel, als plötzlich der Junge vor ihr stand. Sie wollte ausweichen, doch er rief leise ihren Namen: „Taschunka-gleschka-win?" Es klang höflich und irgendwie nett. „Han", antwortete Mary und blieb stehen. Noch konnte sie sich gut an den Schlag des Bogens erinnern.

Sie wusste inzwischen, dass der Junge „Leiser Wind" hieß. Er war der Bruder von Bach-Mädchen und sie bemitleidete ihre Freundin wegen ihres so groben Bruders.

„Ich wollte dir das geben", erklärte Leiser Wind. „Für dein Pony", fügte er hinzu.

Überrascht blickte Mary auf das neue Halfter, das ihr der Junge in die Hand drückte. Er entschuldigte sich nicht mit Worten, aber seine Augen drückten Reue aus.

„Danke", stammelte Mary verlegen. Sie wusste, dass Indianer keine Halfter hatten. Sie banden einfach einen Strick um den Unterkiefer des Pferdes und lenkten es ansonsten mit ihren Schenkeln. Sie wunderte sich, woher er wusste, wie ein Halfter aussah. Dann fiel ihr ein, dass sie das kaputte Halfter weggeworfen hatte. Hatte der Junge das Halfter gefunden und als Muster benutzt? Wie viel Arbeit er sich gemacht hatte. Mary lachte ihn an und freute sich. Vielleicht war er gar nicht so grob, wie sie gedacht hatte.

„Willst du dein Pony sehen?", fragte Leiser Wind. „Ich weiß, wo es ist." Leiser Wind hatte einfache Worte gewählt, damit Mary ihn auch verstand. Mary strahlte. „Ja!", bat sie eifrig.

Leiser Wind drehte sich einfach um und geleitete sie durch das Tal. Der Bogen wippte auf seinem Rücken und sie musste sich beeilen, um mit seinen großen Schritten mitzuhalten. Er war ja auch schon fast erwachsen.

„Dort!", zeigte er mit vorgeschobenen Lippen.

Tatsächlich. Tupfen stand unter einigen Kiefern und rupfte an dem trockenen Gras. Dort war noch kein Frost. „Kluges Pferd!", lobte Mary.

Sie rannte zu ihm und zeigte ihm das neue Halfter. „Sieh nur! Das hat Leiser Wind gemacht." Sie zog Tupfen das Halfter über dem Kopf und knüpfte einen Knoten, damit es nicht rutschte. Es passte.

„Wir müssen ins Dorf zurück", meinte Leiser Wind. „Komm, ich reite voraus!"

Er half ihr auf den Rücken des Ponys, dann pfiff er sein eigenes Pferd herbei. Geschmeidig glitt er nach oben, dann galoppierte er voraus. Mary klopfte Tupfen mit den Fersen in den Bauch und jagte ihm hinterher. Das Pony schoss durch das Tal, während Mary ihre Hände in die Mähne krallte und vor Freude jauchzte. Ja, so machte es Spaß!

Vor den Zelten zügelte Leiser Wind sein Pferd und drehte sich bewundernd zu Mary um. „Du reitest gut", meinte er großzügig. Mary bekam einen roten Kopf vor Verlegenheit, dann senkte sie den Blick. Was sollte sie darauf auch antworten? „Es war schön", bedankte sie sich.

„Waschté!", brummte Leiser Wind. Er schien sichtlich erleichtert zu sein. „Ich bringe dein kleines Pferd wieder zur Herde!", bot er an. Es war mehr ein Befehl, aber Mary nickte verstehend und gab Tupfen zum Abschied einen Klaps auf den Hintern. „Mach's gut!", flüsterte sie. „Morgen komme ich wieder!"

Mit einem Schnauben verschwand Tupfen wieder in der Ferne und Mary sah ihm nach. Anscheinend gefiel es ihm ohne Stall und Koppel viel besser.

Leiser Wind war genauso lautlos verschwunden wie er gekommen war und Mary schlüpfte in das Zelt hinein. Sie fröstelte und setzte sich ans Feuer. Kurz fiel ihr Blick auf den Stapel mit Holz und sie überlegte, ob es wohl genug für die Nacht war. Diese Aufgabe war ihr inzwischen in Fleisch und Blut übergegangen. Genug Holz bedeutete ein warmes Zelt.

Die Mutter saß am Feuer und arbeitete an neuer Kleidung. Sie hielt ein weiß-braunes Fell hoch und drehte es in ihren Händen. „Was wird das?", fragte Mary.
„Eine Mütze", antwortete Iná. Das Fell hatte einen buschigen Schwanz, und Mary überlegte, von welchem Tier es sein könnte. „Welches Tier?", fragte sie.
„Ein Kojote!"
Mary kicherte. Sonst konnte man mit Kojoten nicht viel anfangen. Sie kamen in den Geschichten vor und in den Träumen der Menschen, aber ihr Fleisch schmeckte nicht und auch sonst schienen sie eher nutzlos. Aber ihr Fell war schön warm, sodass man daraus eine Mütze machen konnte.
Mary streichelte den Hund, der sich neben sie gesetzt hatte und sie freundlich anhechelte. Mary war die einzige, die ihn inzwischen streichelte und ihm manchmal ein Stückchen Fleisch zusteckte. Er belohnte es mit wahrer Anhänglichkeit. Alle im Zelt sahen es und amüsierten sich darüber, aber niemand schimpfte. Mary streichelte den Hund eben. Das war alles. Mary rief ihn „Schunka" und der Hund kam tatsächlich, wenn sie ihn rief. Genauso wie Tupfen.

Winter

In den nächsten Tagen sammelte sie zusammen mit Mutter und Schwester Holz. Fast den ganzen Tag war sie unterwegs und trug die Äste gebündelt zum Zelt. Dann schleppten sie große Äste herbei und legten sie ebenfalls um das Zelt herum. Mary erkannte, dass die Indianer sich auf den Winter vorbereiteten. Aber was geschah mit den Pferden? Mit Sorge sah Mary immer wieder nach ihrem Pony, das zwischen den Kiefern nach Gras suchte. Wie sollte es Futter finden, wenn es erst richtig schneite? Die Indianer hatten kein Heu und keinen Hafer. Und Brot hatte Mary auch noch nirgends gesehen. Manchmal sehnte sie sich nach einem Stück Brot. Außer der Fleischsuppe oder den getrockneten Fleischkeksen hatten die Indianer eigentlich nichts zu essen. Manchmal taten sie wilde Zwiebeln in die Suppe oder Pilze, das war die einzige Abwechslung.

Mary dachte an den Duft frischen Brotes und an den Kuchen, den ihre Mama immer gebacken hatte. Ja, und Plätzchen hatte es damals auch manchmal gegeben. Aber sie beschwerte sich nicht. Sie hatte täglich etwas zu essen und das musste eben genügen. Nur nachts kamen manchmal die Alpträume zurück. Dann schreckte sie hoch und glaubte, wieder in der weiten Prärie verloren gegangen zu sein.

„Mama, Mama!", schrie sie dann. Aber es war Iná, die sich neben sie setzte und ihre Hand hielt, bis sie wieder eingeschlafen war. Manchmal weinte Mary, doch Iná trocknete stets ihre Tränen und summte leise Lieder. „Abu, abu", flüsterte Iná, als wäre Mary noch ein Baby.

Dann fühlte Mary das sanfte Streicheln in ihrem Haar und dachte an ihre Mama. Es schmerzte machmal so sehr, dass ihr das Atmen schwer fiel. Doch irgendwann versiegten die Tränen und sie lauschte auf die sanfte Stimme ihrer neuen Mutter. „Nahan

woihanbla waschtéschté luhakte. Nahan ikiha ake nanka!" –
Habe wieder gute Träume und lächle!

Dann kam der Schnee. Wie alles in diesem Land kam er nicht
in sanften Flocken und legte sich über das Land wie eine Decke, sondern er kam in winterlichen Stürmen, die die Menschen
in die Zelte zwangen. Der Wind war so eisig, dass es gefährlich
war, das Tipi zu verlassen. Jeder, der es dennoch tat, wickelte
sich in warme Kleidung und schützte jeden Flecken seiner Haut,
um Erfrierungen zu vermeiden.
Nun war Mary froh um die Holzstöße, die sie umsichtig angelegt hatten, denn man musste nur kurz vor den Eingang, um etwas Holz hereinzuziehen. Neben dem Feuer lagen immer einige
Äste, damit sie trockneten. Jeder achtete darauf, dass das Feuer
nicht erlosch und am Morgen pustete Inyan-ska oder Mutter als
erstes in die schwache Glut, um es wieder zu entfachen.

Mary wunderte sich, wie warm es im Tipi war. Hier drin konnte man es gut aushalten. Manchmal war es eng, wenn alle Familienmitglieder ums Feuer saßen. Aber man erzählte sich Geschichten, arbeitete oder spielte. Die Indianer kannten es nicht
anders. Mary schien auch die einzige zu sein, die sich um die
Pferde sorgte. Wenn sie nach Tupfen fragte, wurde ihr meist nur
mit einem Achselzucken geantwortet. Die Pferde sorgten für
sich selbst.
Mary konnte das nicht begreifen. Bestimmt gab es doch Wölfe,
Bären oder Pumas, die den Pferden gefährlich werden konnten.
Oder sie fanden kein Futter im hohen Schnee! Sie dachte an
ihr armes Pony und fand keine Ruhe bei dem Gedanken, dass
Tupfen vielleicht erfrieren oder verhungern könnte. Je länger
der Sturm dauerte, desto unruhiger wurde sie. Wie konnten die
Indianer ihre Pferde so im Stich lassen?

Sie beschloss, nach Tupfen zu sehen und passte einen Augenblick ab, an dem sie aus dem Zelt schlüpfen konnte. Ihr ledernes Kleid war warm und würde auch im Winter die Kälte eine Weile abhalten. Sie nahm einen Umhang aus Fellen und gab vor, noch mehr Holz hereinzutragen.

Vater schnitzte an langen, biegsamen Zweigen und Mutter stickte Perlen auf einen breiten Streifen Leder. Sie waren offensichtlich beschäftigt. Hanhepi-win spielte mit Ptan. Sie beschäftigte ihn mit Kiefernzapfen und Zweigen, aus denen sie ein kleines Spieldorf bastelte.

Mary schlüpfte aus dem Zelt und sofort stach ihr der scharfe Wind ins Gesicht. Es hatte aufgehört zu schneien, doch es schien ihr, als würde der Sturm nur eine kurze Pause einlegen. Fröstelnd legte Mary den Umhang aus Fellen um die Schultern, dann sauste sie in Richtung der Pferdeherde. Sie kam nicht schnell voran, denn der Schnee war tief und sie sank immer wieder ein. Zum Glück waren ihre Beine mit den Leggins, den ledernen Beinkleidern, geschützt. Endlich erreichte sie die Bäume und hier kam sie besser voran. Sie vermied es, wieder auf die schneebedeckte Fläche zu treten und lief zwischen den Bäumen entlang. Weiter hinten konnte sie die ersten Pferde sehen und das gab ihr Mut. Gleich würde sie Tupfen finden!

Dann stolperte sie fast über ein Pferd, das im Schneesturm verendet war. Sie schrie laut auf, dann stand sie fassungslos vor dem toten Tier. Es tat ihr so leid, dass ihr Herz eng wurde. Die Indianer hatten es sterben lassen, einfach so! Angst stieg in ihr hoch. Wo war Tupfen? Würde er auch irgendwo so leblos im Schnee liegen? Mit gebrochenen Augen, die blicklos in den Himmel starrten? Mit verrenktem Hals und geöffnetem Maul?

Blindlings rannte sie weiter und kämpfte gegen den eisigen Wind. „Tupfen!", schrie sie verzweifelt. „Tupfen!"

Nichts rührte sich.

Mary rannte weiter und merkte nicht, wie die eisige Kälte in ihre Glieder glitt. Nun tobte der Sturm mit ungebrochener Kraft. Und er brachte auch wieder neuen Schnee. Eisige Flocken peitschten Mary ins Gesicht und sie konnte kaum noch etwas sehen. „Tupfen!", schrie sie. Hilflos sank sie zu Boden, als der Wind ihr die Schneeflocken in den Mund wehte. „Tupfen", flüsterte sie mit klappernden Zähnen. „Wo bist du?"

Sie zog den Umhang aus Fellen fester um sich und kauerte sich gegen einen Baum. Dann versuchte sie in dem Schneetreiben etwas zu erkennen. Wo waren die Zelte? Wo war das Tal mit dem See? Sie konnte die Hand vor den Augen nicht erkennen. Wieder rief sie nach ihrem Pony. Doch ihre Stimme war in dem Toben des Sturms kaum zu hören.

Angst schlich in ihr Herz. Sie hätte das Tipi nicht verlassen dürfen! Warum hatte sie nicht auf ihre neuen Eltern gehört?

Sie unterdrückte die Tränen, weil sie längst erkannt hatte, dass Tränen ihr nicht helfen konnten. Energisch stand sie auf. Sie musste zurück und zwar schnell! Sie taumelte gegen den Wind und kämpfte sich einige Schritte vorwärts. Immer wieder hielt sie sich an Bäumen und Zweigen fest, damit sie nicht umgeworfen wurde. Ihre Wangen brannten von der schneidenden Kälte und sie hielt die Arme vor das Gesicht, um es zu schützen.

Dann wurde sie von hinten angestupst und verlor fast das Gleichgewicht. Warmer Atem prustete ihr in den Nacken und ein weiches Maul schnupperte an ihrem Gesicht. „Tupfen!", weinte Mary vor Erleichterung. „Da bist du ja!"

Dem Pony ging es gut. Sein dichtes Fell schützte es vor der Kälte und noch hatte es genug Futter gefunden, sodass es nun dick und fett vor ihr stand. Mary vergrub ihr Gesicht in dem warmen Fell und umarmte ihr Pony. Dann nahm sie es am Halfter und führte es zu einer Gruppe Kiefern, die eng beisammen standen und so einen natürlichen Schutz boten. Hier ließ der Wind nach und nur vereinzelte Flocken kamen durch die Zweige. „Leg dich!", befahl Mary energisch. Gehorsam ließ sich das Pony nieder und Mary kuschelte sich an den warmen Bauch. Sie zog den Umhang ganz fest um sich und legte das Gesicht in ihre Arme, damit die geröteten Wangen wieder warm wurden. So hockte sie da und wartete darauf, dass das Unwetter vorbeizog. Sie hatte ein schlechtes Gewissen, denn sie wusste, dass ihre neuen Eltern sich Sorgen machen würden.

Es war kalt, aber ohne den schrecklichen Wind war die Kälte zu ertragen. Mary fühlte, wie die Wärme des Ponys auch auf sie überging und das Zittern in ihrem Körper nachließ. Noch war es hell, doch sie wusste, dass irgendwann die Dunkelheit kommen würde. Und sie wusste auch, dass sie die Nacht hier draußen nicht überleben würde.

Sie versuchte abzuschätzen, wie spät es war und glaubte, dass es vielleicht früher Nachmittag war. Seltsam, dachte sie. Zeit hatte eigentlich gar keine Rolle mehr gespielt, seitdem sie bei den Indianern war. Doch nun würde der Untergang der Sonne über ihr Leben oder Sterben entscheiden. Sonne bedeutete Leben, Nacht bedeutete den Tod. Still betete sie, dass das Unwetter endlich nachließ und sie den Weg nach Hause fand.
Sie döste eine Weile, versuchte, nicht einzuschlafen, weil sie Angst hatte, dann zu erfrieren. Einschlafen bedeutete ebenfalls den Tod.

Schließlich hörte sie knirschende Schritte im Schnee und eine Stimme rief nach ihr. „Taschunka-gleschka-win!"

„Hier!", schrie Mary erleichtert. Man suchte nach ihr!

Es war Wambli, der sich neben sie kniete und mit dunklen Augen musterte. Sein Gesicht verhieß nichts Gutes, denn er war sichtlich verärgert.

Jetzt werden sie mich bestimmt schlagen, dachte Mary schuldbewusst. Und sie hätte es verdient!

„Ich suche schon lange nach dir!", zischte Wambli vorwurfsvoll. „Was hast du dir gedacht?"

„Nichts", flüsterte Mary. „Ich wollte nach Tupfen sehen."

Wambli schüttelte ungläubig den Kopf, dann streichelte er das dichte Fell des Ponys und gluckste amüsiert. Es war ein seltsamer Anblick, wie das Pony so geduldig im Schnee lag und das Kind an sich kuscheln ließ. Wambli schnalzte auffordernd mit der Zunge und gab dem Pony einen Klaps, damit es aufstand. Auch Mary rappelte sich mit steifen Beinen vom Boden hoch. Wambli blickte Mary prüfend an, dann kniff er ernst die Augen zusammen. „Weißt du, ein Pony kann für sich selbst sorgen. Du hast dich in Gefahr gebracht, als du das Dorf verlassen hast. Verstehst du mich?"

Mary nickte nur. Dann versuchte sie sich zu verteidigen: „Ich hatte Angst, dass mein Pony erfrieren würde!"

Wambli lächelte. „Ja, diese Dinge können passieren, aber du kannst sie nicht ändern."

„Aber ich kann ihm doch helfen!"

Wambli nickte verständnisvoll mit dem Kopf. „Ja, das kannst du. Und manchmal gelingt es dir auch. Aber du musst wissen, dass die Pferde bei uns in Freiheit leben. Sie leben mit der Mutter Erde, so wie wir. Sie suchen sich ihr Futter und sie suchen sich Unterschlupf, wenn es kalt ist. Wir greifen nicht in diese Dinge ein."

Mary hörte gut zu. Alles hatte sie noch nicht verstanden, aber ihr war klar, dass die Indianer erwarteten, dass die Pferde allein im Winter zurecht kamen. „Aber ich habe ein Pferd gesehen, das im Sturm erfroren ist!", wandte Mary ein.

Wieder nickte Wambli. „Ja, wahrscheinlich war es alt oder krank. Dann kann so etwas passieren. Manchmal sterben auch gesunde, junge Pferde. Manchmal sterben auch wir, wenn wir im Sturm verloren gehen. So ist das eben."

„Aber kann ich denn gar nicht helfen?"

„Doch", antwortete Wambli ernst. „Du kannst beten und die Geister um Hilfe bitten. Und wenn doch ein Pferd oder Mensch stirbt, dann betest du für dessen Seele, damit sie zu den Sternen gehen kann."

Das klang irgendwie tröstend. Mary wusste bereits, dass alles eine Seele besaß, sogar Steine und Bäume, und dass die Indianer zu all diesen Dingen beteten. Alles, was sie umgab, war Wakan Tanka. Ihr indianischer Vater betete jeden Tag zu Wakan Tanka und wenn er Jagdbeute heimbrachte, dann betete er zu dem Geist des Tieres, um sich für das Fleisch zu bedanken und es zu versöhnen. Anfangs hatte Mary das seltsam gefunden, aber inzwischen fand sie es schön.

„Komm, wir gehen zurück!", forderte Wambli sie auf.

„Und Tupfen?", wagte Mary zu fragen.

Wieder wurden Wamblis Augen ernst. „Du hast dein Pony in Gefahr gebracht, weil es seinen Unterschlupf verließ, um bei dir zu sein. Lass es laufen, dann wird ihm nichts geschehen. Es ist jung und kräftig. Es wird lernen, den Winter zu überstehen."

„Wirklich?", fragte Mary besorgt.

„Wirklich!", versicherte Wambli. „Nun komm, kleine Schwester. Es ist kalt!"

Mary klopfte Tupfen zum Abschied auf den Hals und ging hinter Wambli ins Dorf zurück. Der Schneefall hatte aufgehört und nun konnte sie sehen, dass das Dorf gar nicht weit weg war. Sie staunte, wie sich alles verändert hatte. Das Tal war weiß, selbst die Äste der Kiefern bogen sich unter der Last des Schnees. Jetzt konnte Mary erkennen, dass die Zweige, die um die Zelte herum lagen, einen natürlichen Schutz boten. Schnee hatte sich darin verfangen und so hatte sich ein kleiner Wall um die Zelte gebildet, der vermutlich den Wind abhalten würde. Es beruhigte Mary. Die Indianer lebten schon immer so und wussten, was sie taten. Und sie würden auch die Pferde nicht einfach laufen lassen, wenn ihnen tatsächlich Gefahr drohte. Sterben gehörte zum Lauf des Lebens dazu, genauso wie Sommer und Winter. Die Indianer lebten damit und stellten es nicht in Frage.

Vor dem Zelt wartete bereits Inyan-ska. Auch seine Augen waren ernst und Mary befürchtete eine saftige Strafe. Jetzt wird er mich bestimmt schlagen, dachte sie.

Inyan-ska legte den Kopf zur Seite und musterte sie, dann nickte er mit dem Kopf, damit sie ins Zelt ging. Mit bangem Herzen schlüpfte Mary ins Innere und setzte sich an das warme Feuer. Mutter gab ihr eine Schale mit Suppe und der Hund leckte ihr winselnd über das Gesicht. Sonst geschah nichts. Niemand schimpfte, niemand tadelte sie und niemand hob die Hand gegen sie. Inyan-ska spielte mit Ptan und Hanhepi-win kramte die Puppen hervor.

Mary war vollkommen verwirrt. Schließlich setzte sie sich zu Hanhepi-win und begann, die Puppen mit winzigen Brocken zu füttern. Sie bauten ein kleines Spielzelt für die Puppen auf und setzten die Puppen hinein. Dann schichteten sie winzige Zweige zu einem Lagerfeuer auf und bastelten aus langen Grashalmen Körbe und Taschen für die Puppen.

Taschunka withko

Der Winter war hart. Meistens blieben die Mädchen und Frauen in den Zelten und achteten darauf, dass das Feuer nicht ausging. Mary lernte von ihrer Mutter, wie man Perlen auf das Leder stickte und nähte neue Kleider für ihre Puppe. Sie lernte, wie man Fleisch weich kaute und dem kleinen Bruder in den Mund stopfte, und sie schaute zu, wenn die Mutter das Essen zubereitete. Vater und Bruder kamen oft mit Jagdbeute heim, die dann verarbeitet werden musste. Sie brachten Schneehasen, Kojoten und Füchse, deren Fell im Winter schön dicht und flauschig war. Mutter verwendete viel Zeit, die Pelze zu gerben und herzurichten, und Mary wunderte sich, wofür sie gebraucht wurden. „Zum Handeln mit den weißen Händler", erklärte Mutter ihr dann. „Wir tauschen Waffen und Werkzeuge dafür ein. Manchmal auch Perlen."

Mary sah auf den eisernen Kessel, der über dem Feuer hing. Da hatten die Indianer also die Sachen her. Aber dass auch die bunten Perlen von weißen Händlern eingetauscht wurden, war ihr neu. Aber woher sonst hätten die Perlen kommen sollen? Indianer kannten ja kein Glas.

Bei schönem Wetter kochte die Mutter auch im Winter vor dem Zelt und die Männer saßen in Felle eingewickelt um das Feuer herum, um der Enge des Zeltes zu entgehen. Ein umgefallener Baumstamm lag am Boden, den die Männer als Sitzfläche nutzten.

Mary und Hanhepi-win gingen oft am Bach entlang, um immer wieder Holz zu sammeln. Kleine Pfade waren in den Schnee getrampelt worden, sodass das Vorwärtskommen leichter war. Der Winter war bitterkalt, aber so trocken, dass man keine feuchten Füße bekam.

Es schneite nur noch selten, trotzdem glitzerte der Schnee und das Eis blendete die Augen.

Die Jungen rodelten auf Fellstücken die Hänge hinunter oder machten Schneeballschlachten. Mary waren diese Spiele zu wild. Lieber ging sie mit den Mädchen auf den gefrorenen See und schloss sich den Geschicklichkeitsspielen an. Es galt einen bunt bemalten Stock mit Steinen zu treffen, die man über das Eis gleiten ließ. Jedes Mädchen brachte Kleinigkeiten mit, die man als Wetteinsätze benutzen konnte. Noch hatte Mary nicht viel, was sie als Pfand geben konnte, aber gerade ihre Dinge galten als besonders wertvoll. Sie hatte das rosa Kleid in Streifen geschnitten und benutzte die Bänder, um die Haare zusammenzuhalten. Die Bänder mit dem Rosenmuster waren bei den Kindern sehr begehrt. Wenn sie die Bänder als Pfand setzte, waren die Wetteinsätze der anderen Mädchen besonders hoch. Mary war sehr geschickt bei dem Spiel, denn sie kannte es bereits. Es war wie „Kegeln", das sie früher mit ihrem anderen Bruder gespielt hatte. So gewann sie oft und ihre kleine Tasche füllte sich mit allerlei Schätzen. Die Gesellschaft der Mädchen gefiel ihr. Eigentlich war sie nie allein.

Dann betraute Inyan-ska sie mit einer neuen Aufgabe. Er wusste, wie sehr sie das Pony liebte und fand eine Möglichkeit, wie sie fast täglich kleine Ausritte machen konnte. Er zeigte ihr den Weg zu den Späherposten, die hoch oben auf den Felsen über das Dorf wachten. Von vorne konnte niemand die schroffen Felsen erklimmen, doch von hinten konnte man ganz bequem durch den Wald bis an die Spitze gelangen. Aufmerksam merkte sich Mary den Weg und staunte über die Ruhe und Stille. Manchmal hingen winzige Beutel mit Tabak in den Ästen der Bäume, und Mary erkannte, dass hier die Menschen hingingen, um zu beten. Es war ein heiliger Ort und Mary schwieg respektvoll.

Dann erreichte Inyan-ska fast den Gipfel des Hügels und bedeutete Mary abzusteigen. Die letzten Meter mussten sie zu Fuß klettern, dann erreichten sie den Späherposten. Von hier hatte man einen weiten Blick über das Tal und ganz unten konnte man am See die Zelte erkennen. Menschen bewegten sich wie winzige Ameisen hin und her und die Pferde waren nur kleine bunte Punkte.

Der Späher hatte sich erhoben und begrüßte die beiden. Es war Leiser Wind, der bereits mit solch wichtigen Aufgaben betreut wurde. Oft wurde aber auch Wambli auf diese Position geschickt. Viele der anderen jungen Männer fehlten und so mussten die Jugendlichen deren Pflichten übernehmen. Mary konnte nur ahnen, dass sich viele der jungen Männer auf einem Kriegszug befanden. Wahrscheinlich waren sie immer noch mit diesem wilden Krieger unterwegs, dem sie die Lanze in die Hand gedrückt hatten. Eigentlich waren die jungen Männer schon viel zu lange fort, dachte sie verwundert.

Leiser Wind nickte dankbar und nahm das Bündel mit Essen entgegen, das Inyan-ska ihm reichte. Dann wandte er sich wieder dem Tal zu. Hier oben entging ihm nichts. Kein Feind konnte sich dem Tal nähern, ohne dass es der Späher bemerkte.

Inyan-ska führte Mary wieder den Weg hinunter und blickte sie fragend an. „Wirst du den Weg wiederfinden?"

„Aber sicher!", meinte Mary eifrig. Sie fand es schön, mit ihrem Pony durch den Wald zu reiten.

„Gut", lächelte Inyan-ska. „Dann wirst du in Zukunft Leiser Wind und Wambli das Essen bringen.

„Nehmen Sie es denn nicht mit?", fragte Mary verwundert.

„Doch", lachte Inyan-ska. „Aber sie freuen sich auch über Gesellschaft. Und du kannst bei deinem Pferd sein."

Mary lächelte glücklich. Ihr neuer Vater war so freundlich. Inyan-ska beugte sich vertraulich hinunter. „Außerdem passen die Späher besser auf, wenn ab und zu etwas passiert. Die kleineren Jungen schleichen sich oft an sie heran und versuchen sie zu erschrecken." Er begleitete seine Worte mit deutlichen Handzeichen, damit Mary auch alles verstand.

„Oh", staunte Mary. „Aber ich bin doch ein Mädchen!" Inyan-ska lächelte. „Du bist ein besonderes Mädchen. Wenn du kommst, dann werden die Späher noch wachsamer sein."

Als sie ins Dorf zurückkamen, gab der Späher von seinem Posten mehrere Warnsignale. Er benutzte dazu einen Spiegel, den er im Sonnenlicht aufblitzen ließ. Mary überlegte, was er wohl täte, wenn die Sonne nicht schien, aber dann wurde sie von der allgemeinen Aufregung angesteckt. Die Krieger kehren heim, die Krieger kehren heim! Alle Menschen liefen am Eingang des Dorfes zusammen und blickten voller Hoffnung, aber auch Sorge, in die Ferne. Einzelne Punkte waren zu sehen und oben auf dem Felsen blitzte der Spiegel und gab geheime Zeichen ins Lager durch. Mary wusste nicht, was sie bedeuteten, doch die Menschen brachen in einen wahren Freudentaumel aus. Alle waren heimgekehrt! Alle waren heimgekehrt.

An der Spitze der Männer kam der wilde Krieger ins Dorf zurück. Alle Gesichter waren schwarz bemalt und Mary wich ein Stück zurück, weil es ihr Angst einflößte. Die Menschen aber drängten sich um die Heimkehrer, trällerten in hohen Tönen oder stießen Jubelschreie aus. Taschunka withko! Taschunka withko! So hieß der wilde Krieger. Er war siegreich heimgekehrt. Mary stand neben Hanhepi-win, die aufgeregt auf ihren Zehen wippte und ihr hohes Trällern erklingen ließ. Plötzlich waren ihr die Indianer fremd. Sie verstand noch nicht, wie wertvoll die jungen Männer für das Volk waren und wie sehr es die Menschen erleichterte, dass alle heimgekehrt waren.

Ein Gebet wurde gesprochen, ehe die Männer abstiegen, dann wurden die Ponys von eifrigen Jungen fortgeführt. Alle verzogen sich in die Zelte, um den Ankömmlingen Essen zu geben, doch am Abend wurde ein großes Feuer in der Mitte des Dorfes entfacht.

Alle legten ihre beste Kleidung an und zum ersten Mal erlebte Mary ein richtiges Fest bei den Indianern. Töpfe mit Essen wurden herbeigeschleppt und in der Mitte des Dorfes wurde eine große Trommel aufgestellt, an die sich einige Männer setzten. Sie begannen mit Trommelschlegeln einen gleichmäßigen Takt zu schlagen und sangen dazu in hohen, gellenden Stimmen. Mary hätte sich am liebsten die Ohren zugehalten, denn es klang ganz anders als alles, was sie bisher gehört hatte.

Sie wurde von Hanhepi-win zu dem großen Platz geführt und stellte sich in den Kreis der Frauen und Mädchen. In der Mitte des Platzes tanzten die Männer mit ruckartigen, manchmal bedrohlichen Bewegungen, während sie mit ihren Fußballen zweimal auf die Erde stampften und dabei den ganzen Körper wippen ließen.

Die Frauen und Mädchen blieben am Rand und wippten nur mit ihren Füßen auf und ab. Sie hielten dabei ihre Decken im Arm, die lustig hin und her schwangen. Irgendwann setzte sich der Kreis der Frauen und Mädchen langsam in Bewegung und sie gingen mit kleinen Schritten nach links.

Mary schaute genau zu und machte es den anderen nach. Es war ein Tanz. Aber so einen Tanz hatte sie noch nie gesehen. Sonst hüpfte man doch in wilden Sprüngen hin und her, hielt seinen Tanzpartner an den Händen, aber dass Frauen und Männer getrennt voneinander tanzten, machte irgendwie keinen Sinn. Sehr seltsam, dachte sie ein wenig spöttisch.

Der Tanz dauerte bis weit in die Nacht hinein. Zwischendurch wurden Pausen gemacht, damit alle essen konnten, doch dann wurde weiter getanzt. Mary fand es nun doch ganz schön, denn alle lachten und waren guter Dinge. Selbst der wilde Krieger. Er stand meist abseits und beobachtete die anderen nur, aber sein Gesicht strahlte Zufriedenheit aus.

Nur einmal beteiligte er sich an einem wilden Tanz, bei dem mit Bögen und Äxten getanzt wurde. Es war schrecklich anzusehen, denn das Gesicht des Mannes war dabei hasserfüllt.

Irgendwann war Mary müde und kroch in ihr Zelt zurück. Niemand hielt sie zurück oder verbot es ihr. So kuschelte sie sich in die Decken und lauschte auf das Trommeln und Singen, das von draußen zu hören war. Dann drückte sich Ptan an sie heran, der offensichtlich auch müde war. Mary schlief beim gleichmäßigen Dröhnen der Trommel sofort ein und erwachte erst, als Ptan am Morgen ungeduldig an ihrer Schulter rüttelte.

„Ich habe Hunger!", forderte der kleine Junge energisch. Mary seufzte, aber sie hatte längst gelernt, dass von ihr erwartet wurde, sich gut um den kleinen Bruder zu kümmern. Sie kaute etwas Fleisch für ihn weich und schob es ihm in den Mund. Dann nahm sie ihn an der Hand. „Komm, wir müssen uns waschen."

Sie führte den Jungen an den Bach und suchte eine Stelle, an der das Eis bereits aufgehackt war. Sie wunderte sich, wo Hanhepi-win und Mutter waren.

Vorsichtig zog sie Ptan aus und rubbelte ihn mit Sand und Wasser ab. Dann steckte sie ihn wieder in seine warme Kleidung. Es war eisig kalt, aber Mutter bestand darauf, dass jeder sich einmal am Tag gründlich wusch. So legte auch Mary ihre Kleidung ordentlich ans Ufer und wusch sich mit dem kalten Wasser. Anschließend schlüpfte sie in ihre warmen Sachen. Für heute war das genug, dachte sie bibbernd.

Sie nahm Ptan sorgsam an der Hand und ging den Pfad zurück ins Dorf. Ein Mann kreuzte dabei ihren Weg, der offensichtlich weiter oben, in den Hügeln gewesen war. Mary erkannte Taschunka witko, den wilden Krieger, und versuchte ihm auszuweichen. Sie hatte Angst vor ihm und wollte ihm ganz bestimmt nicht entgegentreten. Sie zog Ptan ein wenig auf die Seite und versuchte hinter einem Baum zu verschwinden.

Der Mann aber blieb stehen und wandte sich ihr zu. „Kopechla schni yo!", meinte er leise. Hab keine Angst. Verlegen kam Mary aus der Deckung des Baumes heraus. Sie kam sich dumm vor. Trotzdem fühlte sie sich in der Gesellschaft des wilden Kriegers nicht wohl.

„Hast du Angst vor mir?", fragte der Mann. Er schien ehrlich verwundert zu sein.

„Ja", meinte Mary leise.

Der Mann schien sichtlich betroffen zu sein. „Warum?"

Mary zuckte mit den Schultern. Noch fehlten ihr die Worte in der Sprache, um all ihre Gedanken auszudrücken. „Du kämpfst immer", erklärte sie.

Der Mann nickte, dann kniete er sich plötzlich vor sie hin. Seine Augen waren nun in Höhe ihrer Augen und sie sah den warmen Schein darin. Er war gar nicht böse. Er drückte ihre Hand und sagte: „Ja, ich kämpfe! Ich kämpfe, weil es meine Bestimmung ist. Ich schütze das Volk. Verstehst du?" Dann streckte er seinen Arm aus. „Siehst du diesen Arm? Er ist wie dein Arm. Ich werde dich immer schützen, denn du gehörst nun zu uns. Du bist eine Lakota! Ich kämpfe auch für dich und wenn du in Not bist, dann werde ich dich schützen. Immer!"

Mary fühlte ihre Knie ganz schwach werden, als sie in die Augen des Mannes schaute. Ja, er sprach die Wahrheit. Er würde sie immer schützen. Sie fühlte sich plötzlich leicht und frei. Sie war eine Lakota. Sie gehörte nun zu diesem Volk. Mit glänzenden Augen nickte sie und der Mann erhob sich wieder. „Taschunka-gleschka-win, hast du noch Angst?", fragte der Mann mit einem freundlichen Lächeln.

„Nein!", versicherte Mary schnell. Gleichzeitig freute sie sich, dass er ihren Namen kannte.

„Dann nimm deinen Bruder und bringe ihn ins Zelt zurück!", forderte Taschunka withko sie auf. Immer noch ruhten seine Augen wohlwollend und freundlich auf ihr. Mary nickte und rannte mit Ptan an der Hand davon. Sie wusste nun, dass dieser wilde Krieger sie immer schützen würde. Aber sie war auch traurig. Es war seine Bestimmung zu kämpfen, hatte Taschunka withko gesagt. Er hatte dabei nicht glücklich ausgesehen, das hatte sie deutlich gesehen. Warum müssen die Indianer immer kämpfen, dachte sie traurig. Sie beschloss, mit ihrem Pony zu Leiser Wind zu reiten, der bestimmt wieder auf seinem Späherposten Wache hielt. Dort oben war es still und sie konnte über alles nachdenken.

Stern

Mary ritt mit Tupfen oft zu den Späherposten in den Felsen. Sie genoss die Einsamkeit und Ruhe, außerdem fand das Pony zwischen den schützenden Felsen genügend Gras. Die anderen Pferde kamen nicht hierher, deshalb war hier noch nicht alles Gras abgeweidet. Vielleicht wussten die anderen Pferde, dass hier ein heiliger Ort war, vielleicht dachten sie aber nur instinktiv, dass zwischen den Felsen ein Puma lauerte. Mary wusste, dass es hier keinen Puma gab und ließ Tupfen unbesorgt weiden, wenn sie zu dem Späher auf den Felsen kletterte.

Von hier aus beobachtete Mary, dass Taschunka withko oft das Dorf verließ, um auf einem Hügel in der Nähe zu beten. Niemand sonst ging dorthin. Eigentlich ist er ein heiliger Mann, dachte Mary verwundert. Warum sonst würde er so oft beten. Sie hatte keine Angst mehr vor ihm.

Auch ihr Vater war ein heiliger Mann, das hatte sie inzwischen gelernt. Manchmal kamen die Menschen zu ihm und dann betete er für sie. Mary liebte es, ihn zu begleiten, wenn er bei bestimmten Bäumen nach der roten Rinde suchte, die er zu Tabak trocknete. So etwas wurde nur im Winter gemacht, wenn die Säfte des Baumes ruhten. Und sie lernte auch, dass bestimmte Sterne Inyan-ska die Zeit hierfür zeigten. Er nannte es Tschanschascha ipusye, Zeit des trockenen, roten Holzes. Geduldig stand sie dann neben ihrem Vater im Schnee und hielt das Leder, in das Inyan-ska die roten Fäden der Rinde legte.

Der Winter schritt voran und die Pferde magerten ab. Einige verendeten, weil sie schwach oder krank waren, und Mary sorgte sich um Tupfen. Auch er war mager geworden, mit einem aufgeblähten Hungerbauch, schien aber ansonsten gesund und zäh zu sein. „Bald ist Frühling", versprach sie ihm dann.

Alle sehnten sich nach Wärme. Auch die Vorräte schienen fast aufgebraucht zu sein und jede Jagdbeute war eine willkommene Abwechslung. Die Männer mussten weite Wege zurücklegen, um überhaupt noch etwas zu finden.

Dann kehrten die ersten Zugvögel zurück und die Kinder sammelten die Eier in den Nestern. Meistens wurden sie roh getrunken, doch Mary legte sie lieber in die Suppe und wartete, bis sie gekocht waren. Vorsichtig schälte sie nach einiger Zeit die Schale herunter und biss in die feste weiße Masse. Es schmeckte herrlich. Sie wurde eine geschickte Eiersammlerin und lernte schnell, zu beobachten, wo die Vögel ihre Nester versteckten. Gleichgültig, ob im hohen Gras oder in den Wipfeln der Bäume, Mary fand sie!

Schließlich taute der letzte Schnee und Pfützen schimmerten in der Frühlingssonne. Einige Tage war alles nass und durchgeweicht. Immer wieder musste Mary die Mokassins wechseln und zum Trocknen neben das Feuer legen. Doch dann trocknete der Wind den Boden.

Innerhalb kürzester Zeit schoss das Gras in die Höhe und die Pferde schlugen sich die Bäuche voll. Auch die Hundemeute hatte sich vermehrt, und überall tapsten winzige Hundebabys hinter ihren Müttern her. Sie fiepten und kläfften und versteckten sich in den Erdlöchern, in denen sie geboren wurden.

Und dann stand Mary eines Tages staunend neben ihrem Pony und starrte auf das winzige Fohlen, das neben ihm im Gras lag. Es war so niedlich! Vorne war es ganz schwarz, doch hinten war es weiß, mit lauter schwarzen Punkten. Auch der Kopf war schwarz, nur an der Stirn hatte es einen kleinen weißen Fleck.

Wo kam denn dieses Fohlen her, dachte Mary verwirrt. Sie kniete sich neben das Neugeborene und streichelte es sachte. Sofort kam Tupfen näher und schnaubte herausfordernd. Mit seinen Nüstern strich es über Marys Nacken und prustete. Erst langsam begriff Mary, was hier geschehen war. Tupfen war gar kein Junge, sondern ein Mädchen! Eine Pferde-Mama! Wieso war ihr das nie aufgefallen? Sie kicherte ausgelassen und klatschte in die Hände vor Freude. Tupfen hatte ein Fohlen bekommen! So eine Überraschung!

Lange saß sie im Gras und streichelte das kleine Wesen, dann beobachtete sie, wie das Fohlen sich auf seine staksigen Beine kämpfte und nach den Zitzen der Mutter suchte. Gierig begann es zu saugen und Tupfen hielt ganz still.

Mary stand auf und rannte ins Dorf zurück. Sie wollte diese Neuigkeit sofort ihren Eltern und Hanhepi-win erzählen. Voller Freude zog sie ihre Mutter an der Hand und führte sie zu ihrem Pony. Auch Hanhepi-win und Ptan folgten neugierig. „Sehr nur!", rief Mary, „Ich habe nun zwei Pferde!"

Staunend standen alle um die beiden Ponys und bewunderten das kleine Fohlen. „Ein Hengstfohlen", meinte die Mutter bewundernd. Mary kicherte. Wenigstens wusste sie nun bei dem Fohlen, dass es ein Junge war.

„Wie möchtest du ihn denn nennen?", fragte Hanhepi-win.

Mary kniff kurz die Augen zusammen, dann lachte sie über das ganze Gesicht. Es gab eigentlich nur einen Namen für das kleine Pony: „Witschachpi!" – Stern.

Alle lächelten und nickten. Ein guter Name!

Auch Inyan-ska und Wambli näherten sich und begutachteten das Fohlen. Wambli meinte in seiner kurz angebunden Art: „Ein gutes Pferd!" Dann drehte er sich wieder um und verschwand. Inyan-ska dagegen tätschelte die hohen Beine und nahm den

Kopf in seine Hände, um die Augen zu sehen. Schließlich wandte er sich an Mary. „Ein sehr gutes Pferd. Es wird einmal größer als seine Mutter. Vielleicht sogar so groß wie unsere Pferde. Und es wird einmal ein guter Läufer!"

Mary nickte nur. Woher wollte ihr Vater das wissen? Aber sie zweifelte nicht an seinen Worten. Witschachpi würde einmal ein guter Läufer werden! Das war gewiss!

„Muss ich etwas beachten?", fragte sie.

Inyan-skas Augen blitzten vergnügt. „Nein!", meinte er streng. „Tupfen ist seine Mutter, nicht du!"

Mary zuckte etwas zusammen und senkte schuldbewusst den Blick. Sie bohrte die Spitze ihrer Mokassins in den Boden und versuchte, dem strengen Blick zu entgehen. „Ich weiß schon", murmelte sie.

Inyan-ska lächelte wieder. „Sei sanft zu ihm, sodass er dich kennenlernt. Spiel mit ihm und gewöhne ihn an eine Decke und das Halfter. Wenn er größer ist, zeige ich dir, wie du ihn reiten kannst."

Mary strahlte über das ganze Gesicht. Gewiss! So würde sie es machen. Sie dankte Inyan-ska für den Rat und fand, dass er der klügste Mann auf der ganzen Welt war.

Täglich rannte Mary nun als erstes zu ihren Pferden. Meist noch, ehe sie sich gewaschen hatte. Sie staunte, welche Fortschritte das Fohlen machte. Bereits nach einem Tag konnte es kleine Bocksprünge machen und versuchte mit seinen hohen Beinen zu galoppieren. Es war so niedlich!

Zum Schlafen legte es sich ins Gras, gut bewacht von seiner Mutter, die über ihm stand und mit ihrem Schweif die Fliegen vertrieb.

Überall erwachte die Natur zum Leben. An den Bäumen schimmerte helles Grün. Vögel zwitscherten und Fliegen summten in der Luft. Auch die anderen Pferde hatten Fohlen geworfen, die nun in der Mittagshitze als bunte Flecken im Gras lagen und friedlich dösten.

Am Morgen und Abend spielten die Fohlen zusammen und auch Witschachpi hüpfte mit den anderen um die Wette. Mary konnte sich an dem Anblick nicht satt sehen. Am liebsten wäre sie den ganzen Tag bei den Pferden geblieben, aber sie wusste, dass andere Aufgaben auf sie warteten. Aufregung lag in der Luft, denn die Lakota wollten das Lager verlegen. Mary wusste noch nicht, was das bedeutete. Sie sah nur, wie die Mutter alles ordentlich verstaute und Dinge, die sie nicht mehr brauchte einfach ins Gras fallen ließ. Der Platz, an dem sie den Winter verbracht hatten, sah ziemlich unordentlich aus. Doch die Indianer schien das nicht zu stören.

„Wir ziehen fort", erklärte die Mutter. „Und wenn wir zurückkommen, sieht alles aus wie neu."

Und so lernte Mary, wie man die langen Stangen an den Pferden festband, damit sie durch das Gras gezogen werden konnten. Sie lernte, wie man alles auf einem Schleppgerüst verstaute, damit es nicht herunterfiel und wie man das große Tipi abbaute. Sogar der Hund musste einige Packen tragen. Überall im Tal verschwanden die hohen Zeltstangen und eine Familie nach der anderen zog mit all ihrem Gepäck über die Hügel. Breite Kratzer im Boden zeigten jedem, wer hier entlanggekommen war.

Die Mutter forderte Mary auf, ihr Pony zu holen, damit sie darauf reiten konnte. Mary rannte wie der Blitz zu der Weide und rief nach Tupfen. Viele Pferde waren von den Männern und Jugendlichen bereits fortgetrieben worden und sie war froh, dass Tupfen und Witschachpi noch in der Nähe standen. „Gutes

Pferd", lobte sie es überschwänglich. Dann legte sie Tupfen das Halfter um und führte es zum Lager zurück. Das Fohlen lief einfach hinterher.

Die Mutter war mit dem Packen schon fertig. Sie hob Mary auf ihr Pony und reichte ihr dann Ptan. Dann kletterte sie auf ihr eigenes Pferd und nahm eins der Packpferde am Zügel. Hanhepiwin saß auf einem weiteren Packpferd und klopfte ihm nun die Fersen in den Bauch. Die Reise begann.

Mary folgte ihrer Mutter über einen Hügel und sah die anderen Familien vor sich. In geordneter Reihe zogen sie durch das Land und suchten sich einen bequemen Weg durch das Gras. Sie vermieden die Hänge mit Bäumen, denn da wären die sperrigen Schleppgerüste nur hängen geblieben. Mary trieb ihr Pony ein wenig an und schloss zu Bach-Mädchen auf, die ein Stück vor ihr geritten war.

Sie musste lachen, denn auf dem großen Packen, in dem das Tipi zusammengelegt war, lagen einige Hundewelpen in einer Kuhle. Manchmal fiel einer heraus und dann sprang Bach-Mädchen von ihrem Pferd, sammelte es ein und legte es zu den anderen zurück. Die Lakota nahmen sogar die Welpen mit! Mary fand das irgendwie schön.

Als die Sonne am höchsten stand, legten die Familien eine Rast ein. Irgendwo aus dem Nichts tauchten auch wieder die Männer auf und setzten sich zu ihren Familien. Mary vermisste Wambli und Taschunka witko und die Mutter erklärte ihr, dass sie den Weg sicherten.

„Ist es denn gefährlich?", fragte Mary verwundert.

„Auf Reisen sind wir verwundbar", erklärte ihre Mutter. „Wir könnten auf Büffel stoßen, die unseren Weg kreuzen. Oder ein

Feuer könnte uns bedrohen oder Feinde könnten uns auflauern."

„Wer sind denn unsere Feinde?"

„Hohch!", schimpfte Mutter. „Die Schoschoni sind ganz üble Menschen. Und die Crow und Pawnee auch. Aber am schlimmsten sind die Weißen. Sie kommen nicht nur, um die Pferde zu rauben, sondern sie nehmen uns das Land weg und rauben uns alles Wild."

Mary erfuhr zum ersten Mal, dass es nicht nur „Indianer" gab, sondern offensichtlich viele Stämme. Trotzdem schienen die Weißen eine wirkliche Gefahr für die Lakota zu sein. Mary schaute über das weite Land und wunderte sich. „Dieses Land ist doch so weit und groß, dass es für alle reichen müsste."

Die Mutter nickte. „Bisher hatte es auch für alle gereicht. Aber die Weißen wollen es nicht mit uns teilen. Sie wollen es allein für sich. Dort, wo sie leben, dürfen wir nicht mehr jagen und umherziehen. Sie wollen, dass wir in festen Häusern wohnen und Felder anlegen."

„Das ist doch nicht schlimm. Ich habe auf so einer Farm gelebt."

Die Mutter blickte sie mit seltsamen Augen an. „Wenn du auf so einer Farm gelebt hast, warum haben deine Eltern sie dann verlassen und haben sich auf den gefährlichen Weg nach Westen gemacht?"

Mary zuckte mit den Schultern. Sie sprach nicht gern über die Vergangenheit. „Der Boden wurde schlecht und mein Vater meinte, dass wir woanders bessere Ernten haben werden."

„Hier?" Die Mutter lachte spöttisch. Dann deutete sie mit der Hand über die weite Ebene. „Dieses Land gehört dem Wind. Es eignet sich nicht für Ackerbau. Früher haben wir Felder gehabt, doch hier ist es nicht möglich. Wir haben uns angepasst und folgen den Herden der Büffel. Sie versorgen uns mit allem, was wir brauchen."

„Ziehen wir nun zu den Büffeln?", fragte Mary gespannt.

„Ja, meine Tochter. Aber erst reiten wir nach Süden zu dem weißen Händler und tauschen einige Dinge. Dann suchen wir die Büffel im Nordwesten. Wir werden den ganzen Sommer dort verbringen und im Herbst wieder zurückkehren."

Mary war zufrieden. Doch im Gespräch war ihr klar geworden, wie wichtig die Himmelsrichtungen waren, um sich zurechtzufinden. Immer wieder fragte sie ihre Mutter, wie sie den Weg finden konnte und Iná gab geduldig Antwort.

Am Abend erreichten sie den Platz, an dem der Händler seinen Handelsposten hatte. Es waren zwei Häuser, die in den Hang eingegraben waren. Das Dach war zwar mit Bohlen gedeckt, doch es war so mit Gras bewachsen, dass es von der Ferne fast nicht zu sehen war. Ein Bach floss in einer Schlucht vorbei und dort erblickte Mary auch einige umzäunte Weiden mit Pferden und Kühen.

Die Lakota schlugen in der Nähe ihr Lager auf und Mary half ihrer Mutter, das Zelt aufzubauen. Hier gab es so viel zu beachten! Die Stangen wurden genau sortiert und aufgestellt. Erst dann wurde die Stange mit dem Zelt an das Gerüst angelegt und die Zeltwand über die Stangen gezogen.

Mary wunderte sich, wie geschickt die Indianer waren, denn am Ende konnte man die geschnitzten Stöcke ganz leicht durch die Löcher über dem Eingang durchziehen und das Zelt somit verschließen. Mutter rückte noch eine Stange zurecht und schon konnte das Gepäck ins Zelt gebracht werden. Mary und Hanhepi-win liefen in die Schlucht, um nach Feuerholz zu suchen. Sie vermieden es, in Richtung des Handelspostens zu laufen, denn Mutter vermutete, dass dort auch andere Indianer waren. „Bleibt in der Nähe, wo die Späher euren Weg sichern!", warnte sie die Mädchen.

Der Händler

Am Morgen packten Iná und Inyan-ska einige Bündel mit Pelzen, die sie mit dem Händler tauschen wollten. Mutter hüllte sich in eine Decke, bis nur noch ihre Augen zu sehen waren und auch die beiden Mädchen versteckten sich unter ihren blauen Wolldecken. Mary wunderte sich zwar, aber machte es den anderen nach. Sie wollte nicht auffallen oder sich anders benehmen. Unter der Decke war es warm und sie begann zu schwitzen. Der Vater führte sie zum Handelsposten und wartete mit seinen Bündeln.

Mary wunderte sich, warum er die Hütte nicht betrat, aber er schien auf etwas zu warten. Neugierig musterte Mary die Menschen, die dort aus- und eingingen. Manche waren mit Bündeln beladen, während andere noch unentschlossen waren. Manchmal kam der Händler heraus und ging mit seinen Kunden zu einer weiteren Hütte, in der Munition und Fässer mit Mehl aufbewahrt wurden.

Dann kam er zu Inyan-ska und begrüßte ihn herzlich. „Komm doch herein", meinte er mit einer großzügigen Geste. „Und bring deine Familie mit."

Erst jetzt betrat Inyan-ska den Raum des Händlers. Mary drängte sich ebenfalls herein und drückte sich an die Wand. Ihre Augen wanderten über die Regale und staunten über die Dinge, die dort gelagert wurden. In einer Ecke der langen Theke stapelten sich Ballen mit bunten Stoffen und in den Regalen dahinter sah sie Perlen, Werkzeug, Konservendosen, Tabak, Pfeilspitzen, Messer und tausend andere Kleinigkeiten.

Aber ihr Blick blieb an einigen Gläsern kleben, in denen Zuckerstangen aufbewahrt wurden. Das Wasser lief ihr im Mund zusammen. Sie konnte sich gar nicht mehr daran erinnern, wie Zucker schmeckte. Oder vielleicht doch? Ihre blauen Augen stachen hell aus ihrem gebräunten Gesicht hervor und der weiße Händler warf ihr einen verwunderten Blick zu. Dann sprach er mit Inyan-ska.

Mary erkannte, dass man über sie sprach und drückte sich näher an ihre Mutter. Sie wollte hier nicht mehr weg. Mit einem Mal hatte sie Angst. Inyan-ska machte eine nachlässige Handbewegung und das schien dem Händler zu genügen, denn er zeigte eifrig seine Waren her und untersuchte die Pelze, die Inyan-ska ihm anbot. Schließlich wurden sie sich einig und Inyan-ska erhielt neue Pfeilspitzen, Munition für sein Gewehr und Mutter durfte sich Perlen aussuchen.

Der Händler schien sehr zufrieden zu sein und schenkte den Kindern Zuckerstangen. Ptan und Hanhepi-win kannten es nicht, doch Mary schob die Zuckerstange sofort in ihren Mund. „Geht es dir gut?", flüsterte der Händler.

Mary nickte erschrocken und senkte ihre blauen Augen.

„Ich könnte dich zu einem Fort bringen, wo man sich um dich kümmert", bot der Händler an.

Mary schüttelte heftig den Kopf. Eine eiserne Faust legte sich vor Angst um ihr Herz. Sie wollte nicht weg. Sie wollte nicht weg! Wo sollte sie denn hin? Bei den Weißen hatte sie doch niemanden. Die anderen waren einfach weitergezogen und hatten sie ihrem Schicksal überlassen. Nein, den Weißen traute sie nicht mehr. Sie war jetzt eine Lakota.

„Schon gut", brummte der Händler. Er zeigte auf seine indianische Frau. „Ich habe auch eine Familie bei den Lakota. Ich kann verstehen, dass es dir dort gut geht!"

In der Sprache der Lakota sagte er zu den anderen beiden Kindern: „Na, schmeckt es euch?"

Hanhepi-win und Ptan nickten mit leuchtenden Augen. Dann gab Vater ein Zeichen und alle verließen das Haus des Händlers.

Die Mutter und die Mädchen trugen die Pakete zum Zelt zurück und verstauten sie umsichtig in den Taschen und Bündeln.

Mary schälte sich aus der wollenen Decke und rannte zu ihrem Pony. Es stand inmitten der Herde und säugte das Fohlen. Einige Jugendliche saßen auf ihren Pferden in der Nähe und hüteten die große Pferdeherde. Mary erkannte Leiser Wind und lächelte ihm zu. Gemächlich kam er näher und blickte auf sie hinunter. „Hier in der Nähe sind einige Crow. Also passen wir gut auf die Pferde auf", erklärte er.

Mary legte den Kopf schief. „So viele Feinde!", schimpfte sie. Es machte ihr Sorgen, dass Indianer sich gegenseitig die Pferde raubten. Sie wollte nicht, dass ihr Pony bei irgendwelchen Crow verschwand. „Habt ihr eigentlich auch Freunde?", erkundigte sie sich. Leiser Wind lachte herzhaft. „Aber ja! Die Cheyenne sind unsere Verbündeten!"

Aha, Cheyenne! Mary wollte sich das merken. „Und wie kann ich Cheyenne von Crow unterscheiden?", fragte sie.

Leiser Wind hob überrascht die Augenbrauen. „Na, wenn sie dich nicht töten, dann sind es Cheyenne", erklärte er.

Mary hörte den Spott in seiner Stimme und drehte ihm empört den Rücken zu. Es machte überhaupt keinen Sinn, mit einem Jungen zu sprechen.

Sie nahm ihr Pony am Halfter und stapfte davon. Die Fransen an ihrem Kleid wehten um die Knöchel und der Wind spielte in ihren Haaren. Von hinten sah Mary wirklich wie ein Indianermädchen aus. „Wenn ich einen Crow nicht von einem Cheyenne unterscheiden kann, dann sollten sich beide vor meinem Messer hüten!", brüllte sie zurück.

Leiser Wind lachte laut und galoppierte davon.

Mary beschloss Inyan-ska zu fragen, wie man die verschiedenen Stämme unterscheiden konnte. Vielleicht war es ja wichtig.

Aber es kam anders. Denn als sie zu ihrem Tipi kam, saß Inyan-ska mit einem fremden Mann davor. Mutter hatte sich züchtig in eine Decke gehüllt und reichte dem Gast eine Schale mit Suppe, während Hanhepi-win und Ptan höflich etwas abseits saßen. Mary setzte sich zu ihnen und schaute Hanhepi-win fragend an.

„Das ist ein Cheyenne", flüsterte Hanhepi-win aufgeregt. „Er kommt, um sich mit Vater zu beraten. Aber er war auch schon bei anderen Männern."

Mary musterte den Fremden eindringlich. So sah also ein Cheyenne aus. Eigentlich konnte sie keine großen Unterschiede erkennen. „Woher weißt du denn, dass es ein Cheyenne ist?", fragte sie neugierig.

Hanhepi-win zuckte mit den Schultern. „Ich weiß es eben", murmelte sie. „Manchmal verwenden sie andere Muster und Farben als wir. Manchmal flechten sie ihre Haare anders. Ich weiß nicht", fügte sie hinzu.

„Und woran erkennst du einen Crow?"

„Na, es sind schlechte Menschen!", meinte Hanhepi-win empört.

Mary kicherte erheitert. „Das ist aber kein Merkmal, woran ich ihn erkennen kann!"

Hanhepi-win lächelte ebenfalls, dann erklärte sie: „Auch Crow verwenden andere Farben und Muster bei ihrer Kleidung als wir. Und die Männer kämmen sich ihre Stirnhaare gern nach oben. Sie sind sehr eitel."

Mary wurde still und versuchte, etwas von dem Gespräch zu verstehen, das die beiden Männer führten. Es ging um Krieg. Anscheinend waren Soldaten gesichtet worden und die Cheyenne baten die Lakota um Unterstützung.

Am Abend trafen sich die Männer im Versammlungszelt, aber vorher waren auch die Frauen gehört worden. Vater hatte sich lange mit Mutter beraten und nach ihrer Meinung gefragt. Mutter hatte Angst vor den weißen Soldaten. Außerdem war die Büffeljagd wichtig. Wie sollten sie durch den nächsten Winter kommen, wenn die Büffeljagd gestört wurde? Die Männer bedachten dies in der Ratsversammlung und schließlich wurde beschlossen, weit nach Westen auszuweichen. Einige Männer, unter der Führung von Taschunka witko, würden die Cheyenne begleiten und in ihrem Kampf gegen die Weißen unterstützen.

Mary dachte an ihre Begegnung mit Taschunka witko und wie sehr es den jungen Mann quälte, immer kämpfen zu müssen. Ich bin dein Arm, hatte er gesagt. Nun würde er wieder losreiten, damit sein Volk in Ruhe den Büffel jagen konnte. Mary war traurig, als sie an diesem Abend unter ihre Decken kroch. Krieg, sie mochte dieses Wort nicht.

Am Morgen brachen sie in aller Frühe auf. Mit ungewohnter Eile wurde alles verpackt und die Tipis abgebaut. Dann zogen die Familien nach Norden. Späher ritten voraus und andere Krieger sicherten den Weg nach hinten.

Mary hockte mit Ptan auf ihrem Pony und blickte sich manchmal um. Anspannung lag in der Luft, als ob die Indianer fürchteten, dass plötzlich Soldaten in ihrem Rücken auftauchen konnten. Mary wunderte sich über die Geschwindigkeit, mit der die Lakota plötzlich große Entfernungen zurücklegen konnten. In der Ferne war eine Staubwolke zu sehen und sie wusste, dass dort die riesige Pferdeherde getrieben wurde. Leiser Wind war sicherlich bei den anderen Jungen und half beim Treiben, dachte sie. Hier, bei den Packpferden, waren eigentlich nur Frauen und

Kinder und einige ältere Männer. Zwei uralte Männer wurden auf einem Schleppgerüst transportiert, weil sie nicht mehr reiten oder laufen konnten. Die meisten Kinder und Frauen saßen auf Ponys, doch manchmal ging auch eine Frau zu Fuß und führte das Packpferd an einem Strick. Der Wind blies und zerzauste die Haare, ansonsten wurde es tagsüber warm.

Mary musste lachen, wenn das Fohlen durstig wurde und sich quer vor seine Mutter stellte, da es trinken wollte. Tupfen musste dann stehen bleiben und das Fohlen saugte gierig die Milch. Mary fiel dabei immer wieder zurück. Aber wenn das Fohlen satt war, klopfte sie Tupfen die Fersen in den Bauch und galoppierte wieder an die Seite ihrer Mutter.
Ptan gefiel es, wenn das Pony schnell lief und er klammerte sich jauchzend an der Mähne fest. Die Mutter schimpfte nie, wenn Mary zurückblieb, denn es war ganz natürlich, dass die Stute ihr Fohlen säugte. Solange die Späher keine Warnrufe ausstießen, konnte man auch auf ein Fohlen Rücksicht nehmen.

Mutter lächelte stets, wenn Ptan auf Tupfen hockte und meinte: „Tupfen ist so ein braves Pony. Es ist gut geeignet für Kinder!"
Mary war stolz auf Tupfen. Sie ließ gern ihre Freundinnen auf dem Pony reiten, denn es buckelte nie und war stets sanft und freundlich. Fast wie ein braver Hund, nur dass Hunde bei den Indianern eben nicht brav waren. Mit Ausnahme von Schunka war es eine wilde Meute, die sich um die Abfälle und Knochen stritt. Mary wunderte sich ohnehin, wozu Indianer Hunde hielten.
„Sie sind gute Wächter", hatte Mutter ihr erklärt. „Und in Zeiten der Not essen wir ihr Fleisch".
Mary hatte es geschüttelt vor Ekel. Niemals, wirklich niemals würde sie so hungrig sein, dass sie Hundefleisch essen würde! Niemals!

„Und es gibt auch Zeremonien, in denen wir eine Suppe aus Hundefleisch reichen. Sie hat heilende Kräfte", hatte die Mutter weiter erklärt. Igitt!

Fast ohne Pause zogen die Familien nach Norden, dann kam endlich das erlösende Zeichen, dass sie ihr Nachtlager aufschlagen durften. „Wir bauen das Tipi nicht auf", meinte Mutter. „Noch sind wir nicht in Sicherheit."

Mary schauderte und blickte sich furchtsam um, doch die Mutter legte ihr beruhigend den Arm um die Schulter. „Keine Angst. Die Späher wachen gut über uns. Niemand ist in der Nähe."

„Warum dürfen wir dann das Zelt nicht aufbauen?"

„Die Nacht bleibt warm und so können wir morgen früh schneller aufbrechen. Komm, hilf mir, die Pferde auszuspannen!"

Gehorsam half Mary ihrer Mutter dabei, die langen Stangen loszubinden, damit die Pferde grasen konnten. Dann sammelte sie einige dürre Zweige für ein Feuer. Inzwischen wusste sie, was von ihr erwartet wurde und tat diese Dinge. Nicht, weil sie sonst geschimpft oder geschlagen wurde, sondern einfach, weil sie notwendig waren. Sie kümmerte sich um Ptan, weil sie nun die große Schwester war und sammelte Holz, weil es sonst kein Abendessen gab. Immer achtete sie darauf, dass sie die Dinge tat, die sie tun konnte. Und wenn sie etwas nicht wusste oder konnte, dann schaute sie gut zu, um diese Dinge zu lernen.

In dieser Nacht blickte sie in den Sternenhimmel, der sich endlos über das Land wölbte. „Mama", dachte sie, „du musst dir keine Sorgen machen. Mir geht es gut." Sie summte das Schlafliedchen, das ihre Mutter immer gesungen hatte und plötzlich liefen Tränen über ihr Gesicht. Ptan hob seinen Kopf und rüttelte an ihrer Schulter. „Sing noch einmal!", forderte er drängend. Und so sang Mary das Schlafliedchen für ihren indianischen Bruder und da tat es nicht mehr so weh.

Büffel und Beeren

Am Morgen ging die Reise weiter. In lockerer Marschordnung folgten die Frauen und Kinder einigen älteren Männern, die vorne, an der Spitze des Zuges ritten. Mary wusste inzwischen, dass vorne die Würdenträger des Stammes ritten. Doch dann gab es keine besondere Ordnung mehr. Wer früher aufbruchbereit war, folgte eben den anderen, und die Nachzügler bummelten hinterher.

Im langsamen Tempo ritten die Lakota nach Norden und schwenkten dann nach Westen. Vater und Wambli waren mit einigen anderen Männern in die Berge geritten, um dort zu beten. Sie würden später wieder zu ihnen stoßen, hatte die Mutter erklärt. Beten war wichtig für die Lakota.

Mary gefiel die Reise, denn sie durfte von früh bis spät bei ihrem Pony sein. Sie freute sich, wenn der Wind ihr Haar zerzauste und hielt Ptan vor sich fest, damit er nicht herunterfiel. Manchmal durfte auch Bach-Mädchen auf Tupfen reiten oder sie tauschte ihren Platz mit Hanhepi-win.

Mary kam sich schon ganz erwachsen vor, wenn sie auf dem Pferd saß und das Packpferd am Zügel führte. Geschickt lernte sie all die Handgriffe, die nötig waren, um ein Tipi am Abend aufzubauen, und sie konnte die Bündel ebenso verstauen wie Hanhepi-win oder Iná.

Die Reise verlief ereignislos, fast langweilig, nur für Mary war alles neu. Sie genoss das Herumtrödeln und ließ sich manchmal mit Absicht nach hinten, zum Ende der Kolonne fallen, um die Landschaft zu bewundern. Sie staunte über die roten Tafelberge oder den weiten Himmel, der sich so endlos vor ihr erstreckte. Sie liebte es, den Bussarden und Falken zuzusehen, die ihr Spiel mit dem Wind trieben und manchmal gesellte sich Leiser Wind zu ihr. Sie vermied es, mit ihm zu sprechen, um ihn nicht zu vertreiben und er tat so, als wollte er nur sehen, warum sie so trödelte. Er lachte, wenn Witschachpi bockte und hüpfte, und bewunderte den Willen des kleinen Fohlens. Dann verschwand er ohne zu grüßen und Mary schloss wieder zu ihrer Mutter auf.

In der Mittagssonne wurde es heiß und mit hängenden Köpfen trotteten die Pferde dahin. Dann brach Unruhe aus, denn einige junge Krieger kamen angaloppiert und blieben in der Nähe der Marschkolonne. Mit lauten Rufen mahnten sie zur Eile. „Inachni po! Inachni po!"

Mary blieb bei ihrer Mutter und schaute sich besorgt nach Witschachpi um. Der kleine Hengst lief tapfer mit, obwohl er noch so klein war. Für ihn war alles nur ein Spiel. Vergnügt galoppierte er um seine Mutter herum und stellte sich dann quer, um wieder zu trinken.

Mary hieb Tupfen die Fersen in den Bauch, aber sie wollte nicht vorwärtsgehen. Das Fohlen wollte trinken und so blieb sie geduldig stehen. Mary fiel etwas zurück und beobachtete, wie die anderen Frauen mit ihren Packpferden an ihr vorbeizogen. Dann tauchte ein junger Krieger neben ihr auf und befahl unmissverständlich, dass sie sofort weiterreiten sollte. Wieder hieb Mary ihrem Pony die Fersen in den Bauch, doch Tupfen bewegte sich keinen Schritt. Das Pony schüttelte stur die Mähne und schnupperte dann nach den Fohlen.

Der Krieger hob seine kurze Peitsche und ließ sie auf Tupfens Hinterteil klatschen. Das Pony machte vor Schreck einen Satz und Ptan wäre fast hinuntergefallen, wenn Mary ihn nicht festgehalten hätte, dann trabte das Pony empört davon. In Marys Augen schimmerten Tränen. Man hatte ihr Pony geschlagen!

Der Krieger folgte ihr, bis sie die anderen eingeholt hatte, dann mahnte er: „Inachni yo!"

Mary nickte, obwohl sie vor Wut am liebsten geheult hätte. Was war denn geschehen, dass die Lakota so nervös waren? Sie trabte neben ihre Mutter und sah sie erwartungsvoll an.

„Tatanka!", flüsterte die Mutter mit leuchtenden Augen. „Die Büffel kehren zurück."

Mary blickte sich um. Wo waren hier Büffel? Außer grasbedeckten Hügeln war eigentlich nichts zu sehen.

„Sie kommen hierher", erklärte die Mutter. „Wir wollen die Hügel dort vorne erreichen, um in Sicherheit zu sein. Dazu müssen wir aber erst den Fluss überqueren."

Jetzt verstand Mary. Die Lakota waren so in Eile, weil eine Herde Büffel ihren Weg kreuzen würde. Sie verstand nur nicht, warum dann Gefahr drohte.

„Und die Soldaten?", fragte sie.

Die Mutter lachte. „Die Soldaten haben unsere Fährte schon vor Tagen verloren. Außerdem werden sie unsere Spuren in der aufgewühlten Erde, die die Büffelherde hinterlässt, nicht mehr finden."

Mary verstand kein Wort. Wieso hinterließ eine Büffelherde aufgewühlte Erde? Sie schluckte die Frage hinunter, denn sie hatte inzwischen gelernt, dass man sie oft merkwürdig anstarrte, wenn sie zu viel wissen wolte. Komisch, dachte sie seltsam berührt. Bisher hatte eigentlich kein Indianer etwas von ihrem früheren Leben wissen wollen. Sie wollte auch nicht daran erinnert werden und so war sie im Grunde froh darum. Trotzdem fand sie es manchmal seltsam. Mädchen mit den vielen Fragen, nannte man sie oft!

Wortlos folgte Mary den anderen und gegen Abend führte sie ihr Pony über einen kleinen Fluss. Sie beobachtete, wie alle in großer Eile durch das flache Wasser wateten und dabei manchmal auch die Zelte und Taschen nass wurden. Aber niemand achtete darauf. Am anderen Ufer konnte man es wieder trocknen. Hier schien die Gefahr bedeutsamer zu sein, als später die Tatsache, dass man seine Sachen trocknen musste. Mary kletterte auf der anderen Seite die Böschung hinauf und sah sich um. Büsche und Bäume standen an den Ufern des Flusses. Sie schienen wohl Früchte zu tragen und Mary überlegte, ob man sie essen könnte.

Plötzlich wurde die Erde erschüttert wie bei einem Erdbeben. Der Himmel wurde von einer Staubwolke verdunkelt und ein riesiger Schwarm Vögel schoss über ihre Köpfe hinweg. Mary duckte sich instinktiv und hielt schützend die Hände über den Kopf. Kam ein Gewitter?

Dann erhoben sich aus der Staubwolke einzelne Köpfe mit Hörnern. Die Büffel kamen! Sie rannten über die Hügel, wechselten am Fluss die Richtung und galoppierten an ihm entlang nach Norden. Eine endlose Woge aus braunen Leibern und Köpfen mit Hörnern donnerte an ihnen vorbei.

Manchmal konnte Mary die großen, braunen Augen sehen. Alles war still, nur das Dröhnen der stampfenden Hufe war zu hören. Wie eine Flutwelle brandete die riesige Herde an ihnen vorbei.

Mary erschien sie endlos. Dann wurden die Tiere langsamer und kamen zum Stillstand. Immer noch waren kein Anfang und kein Ende der Herde zu sehen. Die Staubwolke hüllte alles ein und legte sich über das Land wie eine schützende Decke.

Fassungslos starrte Mary auf die riesigen Tiere und erst jetzt verstand sie die Eile der Indianer. Sie wären alle tot getrampelt worden! Nur der Fluss und die Bäume hatten sie schützen können. Sie verstand nun, wie wichtig es war, dass die Späher nach Gefahren Ausschau hielten.

Marys Herz schlug vor Aufregung bis zum Hals. Noch nie hatte sie etwas Vergleichbares gesehen. Noch nie!

Die Späher gaben einige Zeichen und signalisierten, dass man noch weiter ziehen würde. Sie hatten in kurzer Entfernung einen See gefunden, an dem man besser lagern konnte. Hier wurde das Wasser des Flusses trüb, als die Büffel überall zur Tränke gingen und den schlammigen Boden aufwirbelten. Niemand wollte die Nacht zu nah bei den Ungetümen verbringen und so reihten sich alle in die Marschkolonne und folgten den Anweisungen der Späher. Wie aus dem Nichts waren auch Inyan-ska und Wambli wieder von ihrem Ausflug in die Berge da und reihten sich wortlos in den langen Zug ein. Sie hatten nur kurz genickt und Mutter hatte gelächelt. Das war alles gewesen.

Der Mond stand bereits hoch, ehe sie den See erreichten. Alle atmeten auf, als er so friedlich vor ihnen lag. Auch hier standen Büsche und Bäume im Tal und die Familien verteilten sich am Ufer des Sees, um ihre Nachtlager aufzuschlagen. Tipis wurden errichtet und schnell brannten einige Feuer.

„Warum bauen wir das Zelt auf?", wunderte sich Mary.

„Wir werden hier rasten und jagen!", antwortete die Mutter.

Mary staunte. Büffel jagen! Das klang spannend. „Ist das nicht gefährlich?"

„Sehr gefährlich!", bestätigte die Mutter. „Die Männer werden sich gut auf die Jagd vorbereiten."

Mary wunderte sich. Wie sollte man sich denn auf eine Jagd vorbereiten?

Die Mutter ahnte ihre wortlose Frage und erklärte: „Die Männer beten und reinigen sich in Schwitzhütten. Erst dann reiten sie zur Jagd. Die Büffel sind gekommen, um sich uns zu opfern und wir müssen sie mit Respekt begrüßen."

„Sie opfern sich uns?", fragte Mary überrascht.

„Ja. Das war nicht immer so. Es gab Zeiten, da haben die Büffel uns gefressen. Das war kein schöner Anblick! Sie haben uns gejagt und mit Haut und Haaren verschlungen."

„Wirklich? Und jetzt jagen sie uns nicht mehr?"

„Nein. Einst, da waren die Menschen zu gierig und haben sich zu viel genommen. Da wurde die Erde wütend und wollte uns auslöschen. Auch die Tiere waren wütend und wollten uns vernichten. Es gab ein Ungleichgewicht, denn die Büffel waren viel mehr als wir Menschen. Wir wurden fast ausgelöscht und waren in großer Not. Die Vögel aber hatten Mitleid mit uns. Sie sagten, dass es nicht gut ist, wenn eine Art von der Erde verschwindet. Daraufhin beschlossen die Tiere, ein Wettrennen zu machen. Der Sieger sollte das Recht haben zu leben und das Fleisch der anderen zu essen. Und der Verlierer sollte sich fortan von Gras ernähren."

Mary kaute auf dem Fleischkeks, den Iná ihr reichte und wartete ungeduldig darauf, dass die Geschichte weiterging. „Und dann?", forschte sie.

„Nun, die Tiere stellten sich zum Rennen auf. Die Menschen waren traurig, denn sie dachten natürlich, dass sie verlieren würden. Alle konnten viel schneller laufen als sie. Die Menschen sahen auf die Pferde, Hirsche, Antilopen und Büffel, die gewiss gewinnen würden. Da kam eine Elster und sagte, dass sie für das Schicksal der Menschen laufen würde. Sie meinte, dass sie auch nur zwei Beine hätte und daher den Menschen gleich sei."

Mary kicherte. „Wirklich?"

„Aber ja, wir Menschen ähneln den Vögeln am meisten!"

Iná lächelte und fuhr mit der Geschichte fort: „Die Tiere liefen also um die Wette. Sie rannten viermal um die schwarzen Berge herum. Diese Berge sind heilig für uns, denn alles Leben kommt von dort! Morgen, wenn es hell wird, wirst du sie in der Ferne sehen." Iná machte eine kurze Pause. „Natürlich waren die Pferde, Hirsche und Büffel viel schneller als der Mensch. Auch die Elster watschelte am Boden mit und merkte, dass ihre Füße nicht zum Laufen gemacht sind. Also flatterte sie auf den Rücken des Büffels, dort, wo er am dicksten ist, sodass der Büffel nichts bemerkte. Der Büffel rannte und rannte, aber kurz ehe er als erster das Ziel erreichte, flatterte die Elster nach vorne und gewann das Rennen für uns. Wir durften leben und wurden nicht vernichtet. Seitdem essen wir das Fleisch der Büffel und die Büffel ernähren sich von Gras. Aber wir dürfen nur soviel nehmen, wie wir brauchen, sonst wird das Gleichgewicht gestört und wir werden bestraft." Inás Stimme war voller Respekt, als sie die Geschichte erzählte.

Mary legte den Kopf schief und dachte darüber nach. Ptan kuschelte sich an sie und lachte sie an. Er kannte die Geschichte schon längst. „Ja, früher haben die Büffel uns Menschen gefressen!", piepste er mit wichtiger Stimme. „Und woher willst du das wissen?", erkundigte sich Mary.

„Na, sie haben doch immer noch diesen Bart", erklärte Ptan. „Den haben sie, weil ihnen immer die Haare der Menschen aus dem Maul hingen, wenn sie uns verschlungen haben."

„Igitt!", schimpfte Mary. „Das ist ja eklig!" Trotzdem freute sie sich, denn sie hatte die ganze Geschichte verstanden. Manchmal, wenn Inyan-ska etwas erzählte, fehlten ihr noch die Worte, aber Iná benutzte einfache Worte, die sie verstand. Es war schön.

Viele Dinge ergaben nun einen Sinn. Sie wusste, dass Inyan-ska „Weißer Felsen" bedeutete, und dass ihr Bruder Wambli so hieß, weil ihm ein Adler eine böse Wunde in der Schulter zugefügt hatte, als er ihm ein paar Federn ausreißen wollte. Wambli bedeutete Adler.

Mary schob Ptan auf seine Felle und deckte ihn zu. Ptan sollte einmal ein geschickter Schwimmer werden, deshalb hatte er den Namen Ptan, Otter, erhalten. Und bei der Geburt von Hanhepi-win hatte der Vollmond ins Zelt geschienen und so hatte man sie Hanhepi-win, Mondmädchen, genannt. Mary liebte all diese Geschichten und sie hatte das Gefühl, immer schon zu dieser Familie dazu zu gehören.

Sie wunderte sich nicht mehr, wenn Wambli kaum mit ihr sprach, weil Brüder eben nicht mit ihren Schwestern sprachen. Trotzdem liebte sie ihn und er wiederum war stets achtsam. Manchmal wollte sie fragen, warum etwas so war, bis sie merkte, dass man gewisse Fragen einfach nicht stellte. Ihre Mutter gab ihr endlose Erklärungen, wie man gerbte oder welche Früchte genießbar waren, aber so einfache Dinge, warum ein Bruder nicht mit der Schwester sprach, schienen für die Indianer zu schwierig zu sein, um sie zu beantworten. „Das ist einfach so", hieß es dann.

Auch die Familienbeziehungen waren undurchschaubar für Mary. Bestimmt die Hälfte des Stammes war nun mit ihr verwandt und sie lernte all die Menschen richtig anzusprechen. Sie hatte plötzlich unzählige Tanten und Onkel, mindestens drei Großmütter und zwei Großväter und alle Kinder waren irgendwie Cousins oder Cousinen. Nur Leiser Wind war nicht mit ihr verwandt. Ihn durfte sie Leiser Wind nennen. Wahrscheinlich gab es noch mehr Menschen, mit denen sie nicht verwandt war, aber mit denen sprach sie fast nie. Und mit jungen Männern sprach man ohnehin nicht!

Sie machte das, was alle Mädchen ihres Alters machten. Der Mutter helfen und mit den Puppen spielen. Nur dass Mary bereits ein eigenes Pony hatte, war ungewöhnlich.

Mary war froh, dass die Indianer nun eine Weile bleiben würden. Der See war schön klar und am Ufer konnte man Beeren und

Kirschen pflücken. Es war das erste Obst, das Mary seit Langem gesehen hatte. Mit Begeisterung sammelte Mary mit den anderen Mädchen die reifen Früchte und brachte sie zu Iná. Ihr Mund war rot verschmiert, weil sie so viel naschte.

Niemand tadelte sie, niemand wies sie zurecht. Wenn sie Hunger hatte, dann durfte sie sich nehmen, was sie wollte. Und so kletterte sie auf die Bäume, pflückte Kirschen, und wenn sie keine Lust mehr hatte, dann badete sie im See und planschte mit ihren Freundinnen. Es war ihr nicht mehr peinlich nackt zu baden, denn sie wusste, dass die Jungen und Männer nicht zum Badeplatz der Frauen gingen.

Am Abend setzte sie sich zu ihrer Mutter und half ihr, die Kirschen mitsamt den Kernen zu einen Mus zu zermahlen, obwohl sie sich wunderte, zu was das gut sein sollte. Kirschen schmeckten doch viel besser, wenn sie frisch waren. „Wir trocknen sie und machen dann Kekse für den Winter“, erklärte die Mutter dann.

Mary lachte gut gelaunt. Der Winter war noch so weit weg! Jetzt war Sommer und sie freute sich über die süßen Früchte, die sie in den Mund stopfen konnte.

Leiser Wind

In einiger Entfernung des Dorfes hatten die Männer kleine Hütten aus Zweigen gebaut, die sie mit Fellen abdeckten. Die Lakota nannten sie Schwitzhütten und die Männer sangen und beteten darin, um sich auf die Büffeljagd vorzubereiten.

Mary bemerkte davon kaum etwas, denn meist machten die Männer ohnehin ganz andere Dinge als die Frauen. Aber als der Tag der Büffeljagd kam, da stand auch sie bei Wambli und Inyan-ska und trällerte ihnen zu. Bewundernd blickte sie an ihnen hoch, wie sie nur mit Lendenschurz bekleidet, hoch oben auf ihren Ponys saßen, bereit für die Jagd. Sie hatten sich mit Schutzzeichen bemalt, doch am lustigsten fand Mary, dass auch die Pferde bemalt worden waren.

Aber die Büffeljagd war gefährlich, nicht nur für die Menschen. Manchmal wurde ein Pferd von den Hörnern der Büffel aufgespießt oder es stolperte und wurde zu Tode getrampelt.

Mary war froh, dass ihr Pony für die Büffeljagd zu klein war. Außerdem durften nur gut ausgebildete Pferde an der Büffeljagd teilnehmen. Manche der Jugendlichen standen erwartungsvoll am Rande des Dorfes und hofften darauf, ebenfalls mitreiten zu dürfen, aber die Krieger schüttelten die Köpfe und schickten sie zurück. Auch Leiser Wind kehrte enttäuscht um und begab sich zu der Pferdeherde, um dort seine Aufgaben zu erfüllen. Mary sah seine Enttäuschung und zuckte die Schultern. Leiser Wind war doch fast noch ein Kind! Sie hätte ihn auch nicht mitreiten lassen.

Die Männer verschwanden in einer Staubwolke und die Frauen bereiteten alles für das Zerlegen des Fleisches vor. Sie stellten lange Stangen auf, an denen sie später das Fleisch zum Trocknen aufhängen wollten. Ptan lief zwischen ihren Beinen herum und schließlich brachte Iná ihn zu einer Tante.

Dann hängte sie die Schleppgerüste an die Packpferde und brach auf, um den Platz zu erreichen, wo die erlegten Büffel liegen würden.

Mary folgte Iná und horchte auf ihr klopfendes Herz. Sie war gespannt, was nun folgen würde. Sie ahnte nicht, wie gefährlich die Jagd wirklich war, und dass es oft Unfälle gab. Schließlich erreichten sie das Tal, in dem die Büffelherde gegrast hatte. Von der Herde war nichts mehr zu sehen, doch überall lagen braune Leiber im Gras.

Die Mutter führte das Packpferd den Hang hinunter und schickte Hanhepi-win los, um nach der Jagdbeute von Wambli und Inyan-ska zu suchen. Nach einer Weile schon hatte Hanhepi-win den ersten Büffel entdeckt. Sie hatte an dem Pfeil erkannt, dass Inyan-ska ihn erlegt hatte. Die Mutter führte das Pferd dorthin und zog ihr Messer. Mit geübten Schnitten löste sie das Tier aus der Decke und holte die Gedärme heraus.

Mary wurde schlecht. Aschgrau im Gesicht drehte sie sich weg und hielt sich die Nase zu. Es stank! Selbst der starke Wind konnte den Gestank nicht schnell genug vertreiben.

Die Mutter stopfte die Gedärme in den mitgebrachten Kessel, dann begann sie, das Tier in einzelne Teile zu zerlegen. Alles geschah rasch und mit geübter Hand. Nach kurzer Zeit hatte sie bereits einige der blutigen Teile auf das Schleppgerüst gelegt und führte das Pferd zum Lager zurück. Mary stolperte mit und hoffte, dass sie zu dem grauenhaften Ort des Schlachtens nicht mehr mitgehen musste. Es war ja so eklig!

Im Dorf wartete eine der Großmütter auf sie und lächelte sie mit ihrem runzeligen Gesicht an. Noch hatte Mary nicht viel mit ihr gesprochen, denn die alte Frau flößte ihr Respekt ein. Sie hatte Angst, etwas Falsches zu sagen oder zu tun, und war lieber still, wenn sie bei der Großmutter waren.

Iná wedelte mit der Hand und wies auf Mary. „Sie kennt die Büffeljagd noch nicht. Sieh nur, wie weiß sie im Gesicht geworden ist. Vielleicht kann sie bei dir bleiben und dir helfen?"

Die alte Frau kicherte vor Vergnügen und nickte Mary großzügig zu. „Komm nur her, meine neue Enkeltochter. Du kannst mir helfen, das Fleisch zum Trocknen aufzuhängen!"

Mary war so erleichtert vor Dankbarkeit, dass sie ganz vergaß, dass sie eigentlich Angst vor der alten Frau hatte.

Iná und Hanhepi-win luden das Fleisch ab, dann verschwanden sie wieder hinter den Hügeln. Unsicher stand Mary neben der Großmutter und wartete ab, was sie tun sollte. Umsichtig zog die alte Frau ihr Messer aus der Scheide und begann, das Fleisch von den Knochen zu lösen. Dann schnitt sie es in schmale Streifen. „Hänge sie über die Stangen!", meinte sie freundlich.

Marys Hände wurden blutig, als sie das Fleisch hochhob, aber es ließ sich nicht ändern. Zumindest war es nicht so eklig, wie das Ausnehmen des Büffels. Sie war überrascht, wie schnell die Arbeit vonstatten ging.

Zwischendurch schickte die Großmutter sie los, um Holz zu sammeln. Über das Feuer wurde der Kessel mit den Gedärmen gehängt, und Mary schüttete Wasser darüber. Geschickt drehte die Großmutter lauter kleine Würste, dann warf sie noch einige wilde Zwiebeln dazu. Es dauerte eine Weile, aber schließlich begann das Wasser zu sieden. Jetzt roch es auch nicht mehr so streng. „Rühr es ab und zu um, und drücke die Würste nach unten, damit alle gekocht werden", meinte die Großmutter.

Mary nickte und stellte sich neben das Feuer. Sie nahm einfach einen langen Stock, mit dem sie manchmal die Würste, die oben trieben, nach unten drückte. Sie beobachtete, dass Mutter und Hanhepi-win bereits mit der nächsten Fuhre zurückkamen, traute sich aber nicht, ihre Aufgabe aus den Augen zu lassen. Die

Großmutter kam näher und nickte zufrieden. „So ist es gut! Jetzt hängen wir sie auch auf, damit wir die nächsten kochen können."

Ungläubig beobachtete Mary, wie die Großmutter den Kessel nahm, zu einem Baum trug und die Würste über einige Äste hängte. Es sah aus wie bei einem Weihnachtsbaum, den man mit Ketten schmückte. Manchmal pustete die Großmutter in ihre Hände, weil es zu heiß wurde und dann mussten alle lachen.

So verging der Tag. Fleisch schneiden, zum Trocknen aufhängen, dann Würste kochen und die Bäume damit schmücken. Am Abend waren alle todmüde, aber zufrieden.

Inyan-ska und Wambli kehrten von der Jagd zurück und stopften sich die ersten Würste in den Mund. Sie waren schmutzig, schweißgebadet und die Farbe war verschmiert. Nach einer ersten Stärkung badeten sie im See, dann kehrten sie gut gelaunt zurück. Es war eine gute Jagd gewesen!

Sie hatten einige Pferde verloren, aber sonst war niemand verletzt worden. Die Arbeit der Männer war nun getan und sie sonnten sich in ihrem Erfolg. Jede Familie hatte genug, um durch den nächsten Winter zu kommen. Jetzt war es die Arbeit der Frauen, das Fleisch zu trocknen und die Felle zu gerben. Jetzt musste alles schnell gehen, damit das Fleisch nicht verdarb. Mary staunte über die Geschwindigkeit, mit der alle arbeiteten. Aber es war notwendig und deshalb wurde es getan.

Mary hatte mehrere Tage keine Zeit mehr, sich um ihre Ponys zu kümmern. Von früh bis spät achtete sie auf das Fleisch, hütete das Feuer oder kümmerte sich um Ptan, damit die Mutter in Ruhe arbeiten konnte. Dann kniete sie wie alle Mädchen über den Fellen, die im Gras ausgebreitet waren, und schabte sie mit einem Kratzer sauber. Manchmal bekam sie Rückenschmerzen von der knienden Tätigkeit, dann stand sie auf und streckte sich. Ihre Fingernägel waren braun von dem getrockneten Blut und sie fürchtete, dass sie ihre Hände nie wieder sauber bekam. Fliegen umschwirrten sie und ihr Gesicht war voller Pusteln von den Moskitostichen. Sie wunderte sich, dass Hanhepi-win sich nie zu beschweren schien und fragte sie vorsichtig: „Macht dir das eigentlich Freude?" Es gab kein Wort für Spaß in der Sprache der Lakota, zumindest kannte sie es nicht. Hanhepi-win kicherte so, dass Mary diese Frage schon wieder leid tat. „Alle Arbeiten machen mir Freude, weil sie so sein müssen", lächelte die Schwester. Mary senkte beschämt den Kopf. „Und wenn du etwas tun musst, was dir nicht gefällt?"

„Ich muss nichts tun, was mir nicht gefällt", erklärte Hanhepi-win mit fester Stimme. „Eines Tages werde ich heiraten und eine eigene Familie haben. Und dazu lerne ich all die Dinge, die notwendig sind." Bei Hanhepi-win klang immer alles so einfach!

Inyan-ska war mit Wambli in die Berge aufgebrochen, um Adlerfedern zu holen. Mary hatte die beiden mit Fragen bedrängt und nur ein überraschtes Hochziehen der Augenbrauen als Antwort erhalten. „Mädchen mit den vielen Fragen!", hatte Wambli sie wieder mal belächelt.

Mary hasste es, wenn er sie so behandelte und fragte sich, wie sie lernen sollte, wenn sie nie fragen durfte! Zum ersten Mal bedauerte sie, dass sie kein Junge war. Wie viel schöner wäre es nun, den Vater und Wambli auf Tupfen zu begleiten. Ihr Blick verlor sich sehnsüchtig in der Ferne und blieb an den Jugendlichen hängen, die gelangweilt in der Nähe auf ihren Pferden hockten und über die arbeitenden Frauen wachten. „Woran denkst du?", fragte Iná amüsiert.

„Ach", wehrte Mary ab. „Nichts!" Hastig beugte sie sich über ihre Arbeit und schabte weiter die Fleisch- und Fettfetzen von der Haut ab.

„Warum machst du nicht eine Pause und schaust nach deinen Pferden?", fragte die Mutter. Mary strahlte über das ganze Gesicht. „Wirklich?" Durfte sie tatsächlich die Arbeit unterbrechen und zu Tupfen und Witschachpi gehen?

„Aber ja." Die Mutter schickte sie mit einer freundlichen Handbewegung fort. „Die Arbeit läuft dir nicht davon, aber vielleicht dein Pony, wenn du dich nicht mehr darum kümmerst."

Mary lief so schnell sie konnte zu der Weide und rief nach Tupfen. Ihr Herz strömte über vor Freude, als die beiden Ponys angetrabt kamen. Witschachpi war bestimmt schon wieder ein Stück gewachsen, seitdem sie ihn das letzte Mal gesehen hatte. Glücklich vergrub sie ihr Gesicht in der Mähne des Ponys und tätschelte über das weiche Fell. „Na du?", fragte sie leise. „Hast du genug zu fressen?"

Es war offensichtlich, und Mary kicherte ausgelassen. „Wir auch! Wir haben so viel Fleisch, dass es uns zu den Ohren herauskommt!"

Nie in ihrem Leben hatte Mary so viel Fleisch in sich hineingestopft. Jeden Abend gab es große Feste und Kessel mit Fleisch hingen über allen Feuern. Es war eine Zeit des Überflusses. Selbst die Hunde waren so voll gefressen, dass sie vergaßen, um die Knochen zu streiten. Mary sah auf ihre Hände und seufzte. Selbst mit Seife konnte sie die Hände nicht sauber rubbeln. Ob sie wohl kurz reiten durfte? Oder würde Mutter sie gleich vermissen? Nur ganz kurz, dachte sie. Ein bisschen den Wind spüren, ehe sie sich wieder an die Arbeit machte. Sie hielt sich an der

Mähne fest, stützte sich mit dem Unterarm ab und glitt auf den Rücken des Pferdes, so wie Leiser Wind es ihr gezeigt hatte. Inzwischen war es ganz einfach.

Mit den Fersen klopfte sie Tupfen in den Bauch und das Pony galoppierte durch das Tal. Witschachpi rannte mit und Mary war stolz auf ihr Fohlen. Es war wirklich schon schnell! Sie erreichten den See und Mary wusch sich die Hände und das Gesicht. Sie fühlte sich erfrischt und beschloss umzukehren. Die Arbeit wartete auf sie. Aber sie war dankbar für die kleine Abwechslung, die man ihr gegönnt hatte.

Sie brachte Tupfen und Witschachpi zur Herde zurück, als sie sah, wie das Pferd von Leiser Wind aus der Ferne angerast kam. Mit angelegten Ohren und vorgestrecktem Hals rannte es zwischen die anderen Pferde und löste eine Woge aus, als diese auseinanderstoben. Das Pferd wieherte und buckelte, doch dann beruhigte es sich und begann zu grasen. Es hatte den Schutz der Herde erreicht.

Mary sah sich um. Wo war Leiser Wind? Niemand sonst hatte die kleine Aufregung bemerkt und Mary wunderte sich, wo die Hütejungen geblieben waren. Eigentlich war es ihre Aufgabe, auf die Pferde zu achten, und sie hätten das heranrasende Pony bemerken müssen. Vielleicht saßen sie irgendwo zusammen und machten ihre Würfelspiele, dachte Mary.

Trotzdem fand sie es seltsam, dass sie Leiser Wind nirgends sah. Sein Pferd hätte sich niemals allein von der Herde entfernt und so vermutete sie den Jungen irgendwo dort draußen. Mary schwang sich wieder auf Tupfen und ritt in die Richtung, aus der das Pferd gekommen war. In der Nähe des Dorfes waren bereits viele Spuren im Gras zu sehen und so war es schwierig herauszufinden, welche Fährte von Leiser Wind stammte. Dann schaute sie genauer und erkannte die deutlichen Spuren eines galoppierenden Pferdes. Hier war es also gerannt.

Sie folgten den Spuren eine Weile und zögerte dann verunsichert. Es war gefährlich, das Dorf zu verlassen. Nirgends war ein Späher zu sehen. Besorgt biss Mary die Lippen zusammen und überlegte. Sollte sie den anderen Bescheid sagen?

Im Westen neigte sich die Sonne dem Horizont zu und plötzlich hatte Mary Angst, dass vielleicht die Nacht hereinbrach, ohne dass man Leiser Wind gefunden hatte. Sie hatte eine Ahnung, dass irgendetwas Schreckliches passiert war.

Entschlossen trieb sie Tupfen vorwärts. Leiser Wind war ihr Freund und sie wollte ihn nicht im Stich lassen. So weit konnte das Pferd ja nicht gerannt sein, sonst wäre es mit Schaum bedeckt gewesen. Nein. Irgendwo hier musste Leiser Wind sein! Sie rief seinen Namen, obwohl der Wind ihre Stimme übertönte. Dann überlegte sie, warum das Pferd wohl durchgegangen war. Es musste sich erschreckt haben!

Gedankenverloren blickte Mary sich um. Vor was könnte sich ein Pferd erschreckt haben? Vielleicht eine Schlange im Gras? Wieder folgte sie den Spuren und erkannte, dass sie zu einigen Felsen führten, die in der Nähe zu sehen waren. Vielleicht war Leiser Wind dort hinaufgeklettert, um besser in die Ferne zu sehen? Sie trieb ihr Pony zu einer schnelleren Gangart an und trabte eilig darauf zu.

Einige der Felsen lagen bereits im Schatten der Dämmerung und Mary wusste, dass sie sich beeilen musste. Vielleicht war ja auch nichts geschehen und Leiser Wind längst ins Dorf zurückgekehrt. Dann durfte auch sie nicht länger hier draußen bleiben!

„Leiser Wind!", rief sie mit lauter Stimme.

Nur der Wind antwortete ihr und sie zuckte mit den Schultern. Wahrscheinlich hatte sie sich umsonst Sorgen gemacht. Sie ritt ein Stück zwischen die Felsen und überlegte, wo Leiser Wind wohl abgestiegen war, um höher zu klettern.

Dann fand sie deutliche Spuren im sandigen Boden. Hier war das Pferd gestiegen, hatte sich umgedreht und war geflohen. Genau hier!

Mary glitt von Tupfens Rücken und schaute über die Felskante nach unten. Deutlich konnte sie den Körper von Leiser Wind sehen. Das Pferd hatte ihn abgeworfen und er war über die Felskante in die Tiefe gestürzt. Bewegungslos lag er dort zwischen den Felsen. In Mary stieg die Panik hoch. „Leiser Wind!", schrie sie entsetzt. Der Junge bewegte sich nicht.

Vorsichtig suchte sich Mary einen Weg nach unten und setzte sich neben den Jungen. Sie hatte eine irrsinnige Angst, dass er vielleicht tot war. Wie stellte man fest, ob jemand noch lebte? Marys Blick flatterte über den Körper von Leiser Wind und suchte nach Anzeichen von Leben. Sie sah eine hässliche Platzwunde an seinem Kopf, die stark blutete. Außerdem war sein Arm seltsam verrenkt und sie wusste instinktiv, dass er gebrochen sein musste.

Ihre Hand legte sich flach auf seine Nase und sie versuchte, seinen Atem zu spüren. Es fühlte sich warm an und so bildete sie sich ein, dass er noch lebte. Er war zu groß und schwer, um ihn zu tragen. Niemals könnte sie ihn über die Felsen nach oben schleppen.

So schnell sie konnte kletterte sie wieder nach oben. Sie musste Hilfe holen! Im gestreckten Galopp kehrte sie ins Dorf zurück und nahm dabei keine Rücksicht auf ihr Fohlen, das irgendwann klagend zurückfiel.

Erbarmungslos hieb sie ihre Fersen in Tupfens Bauch und zwang das Pony so schnell es ging zu rennen. Um Witschachpi konnte sie sich später kümmern.

„Omakiya pe!", schrie sie aus Leibeskräften, als sie das Dorf erreichte. „Omakiya pe!" – Helft mir. Sofort standen einige Männer wachsam in der Nähe und hielten das schweißgebadete Pony am Halfter. „Was ist los?", fragten sie, während sie mit ihren Blicken bereits nach möglichen Feinden Ausschau hielten. „Leiser Wind!", jammerte Mary aufgeregt. „Er ist gestürzt und bewegt sich nicht. Ich habe ihn gefunden!"

Sofort saßen einige Männer in ihren Sätteln und einer zog Mary zu sich hoch, damit sie ihnen den Weg zeigen konnte. Es war Zwei-Falken, ein Bruder ihrer Mutter, den sie mit Onkel anreden durfte. „Dort!", keuchte Mary und zeigte mit der Hand auf die Felsformation, die inzwischen kaum noch zu sehen war. Dunkelheit senkte sich über das Land.

Tupfen kehrte ebenfalls um und suchte nach ihrem Fohlen. In der Dunkelheit wurde es gefährlich, denn nächtliche Jäger würden ein einsames Fohlen als leichte Beute erachten. Sie prustete, als sie es fand und trabte mit ihm in den Schutz der Herde zurück.

Mary aber saß bei ihrem Onkel und hörte ihr pochendes Herz. Wenn Leiser Wind nicht mehr lebte? Wenn sie zu spät kamen?

Die Männer erreichten die Felsen, die nun in völliger Dunkelheit lagen. Mary zeigte ihnen den Platz, wo Leiser Wind hinabgestürzt war und zwei Männer kletterten vorsichtig hinunter.

Mary hörte ihre leisen Stimmen und bedächtigen Worte. Sie schienen nicht aufgeregt zu sein und das beruhigte Mary ein wenig. Dann tauchten die beiden wieder auf und einer hatte Leiser Wind wie einen schweren Sack über seine Schulter geworfen. Er reichte den Knaben einem anderen Mann, der noch auf seinem Pferd saß und dieser hielt ihn wie ein Baby in seinen Armen.

Leiser Wind war immer noch bewusstlos, aber er schien zu leben. Mary seufzte vor Erleichterung und drückte sich etwas an ihren Onkel. Plötzlich fand sie seine Gegenwart ausgesprochen beruhigend.

„Wie hast du ihn gefunden?", fragte Zwei-Falken mit ernster Stimme.

„Ich sah, wie sein Pony angerast kam und machte mir Sorgen. Ich folgte der Spur und fand dann Leiser Wind hier zwischen den Felsen."

„Es war gefährlich, so weit aus dem Lager zu reiten. Warum hast du nicht gleich die Späher gewarnt?" Leichter Tadel war in der Stimme des Onkels zu hören.

Mary zuckte mit den Schultern. Es war einfach so. „Ich habe gespürt, dass etwas nicht stimmt und hatte Angst, dass die Dunkelheit kommt", meinte sie schließlich.

Zwei-Falken kicherte leicht und strich ihr über die Haare. „Du hast gehandelt wie eine Lakotafrau und auf deine innere Stimme gehört. Es ist gut!"

Mary atmete tief ein und schloss die Augen. Ja, sie war nun eine Lakota! Sie fühlte eine entsetzliche Müdigkeit und fröstelte.

„Wird Leiser Wind wieder gesund?", fragte sie ängstlich.

„Wir werden sehen", antwortete der Onkel. „Er ist schwer verletzt. Ohne dich hätte er die Nacht hier draußen nicht überlebt."

Mary zuckte zusammen. „Hättet ihr nicht nach ihm gesucht?"

„Doch, aber wie willst du ihn in der Dunkelheit finden? Sieh selbst! Nicht einmal der Mond scheint."

Mary starrte in den schwarzen Himmel. Myriaden von Sternen blinzelten ihr in der klaren Luft entgegen und doch lag das Land dunkel und bedrohlich vor ihr. Ohne das warme Licht des Mondes war fast nichts zu sehen. Ja, Leiser Wind wäre verloren gewesen. Zwischen den dunklen Felsen hätte ihn niemand gefunden. Nach langer Zeit dachte sie wieder daran, wie allein sie damals in der Prärie gewesen war. Beinahe wäre auch ich gestorben, fuhr es ihr in den Sinn. So wie Mama und Papa!

Familie

Von diesem Tag an änderte sich für Mary alles. Sie hatte nicht nur Vater und Mutter, sondern eine riesige Familie. Nicht nur, dass sie die Menschen so anreden musste, nein, sie handelten auch danach. Plötzlich kam ein Onkel und erzählte ihr Geschichten oder eine Tante nahm sie an der Hand, um ihr etwas zu zeigen. Großmütter steckten ihr Kleinigkeiten zu und tätschelten ihre Haare und behandelten sie genauso liebevoll wie all die anderen Enkelkinder. Cousinen luden sie zum Spielen und Baden ein und jeder wetteiferte darin, mit ihr befreundet zu sein. Nur, wie es Leiser Wind ging, das erzählte ihr niemand. Sie fragte auch nicht, weil es sich nicht schickte, dass ein Mädchen nach einem Jungen fragte. Trotzdem hielt Mary jeden Tag Ausschau, ob sie ihren Freund nicht endlich sah.

Das Fleisch war endlich verarbeitet und die Häute gegerbt und so wurde das Leben wieder leichter. Mary pflückte Kirschen und sammelte Holz, ansonsten spielte sie mit den anderen Mädchen. Sie hatte sich aus Leder einen festen Ball genäht und zeigte den Mädchen ein lustiges Fangspiel. Außerdem hatte sie Mutter überredet, ihr zwei lange Seile zu geben und hatte sich mit einem starken Brett eine Schaukel gebastelt, die in dem Ast eines Kirschbaumes hing. Sie zeigte den anderen, wie man immer höher schaukeln konnte und lachte, wenn ihre Fransen so hoch oben im Wind wehten. Die älteren Frauen lächelten über diesen Unsinn, aber niemand schimpfte.
Endlich war auch wieder Zeit, um auf Tupfen zu reiten, und Mary genoss die kleinen Ausritte am Ufer des Sees entlang. Meistens kamen die Freundinnen mit, denn die Mädchen liebten das sanfte Pony. Alle wollten darauf reiten, weil man so leicht aufsteigen konnte. Außerdem war das Pony brav. Nie biss oder buckelte es.

Ptan war inzwischen ein richtiger kleiner Junge geworden, und kein Baby mehr. Den ganzen Tag verbrachte er mit seinen Freunden, sodass Hanhepi-win und Mary kaum noch auf ihn achten mussten. Sie gaben ihm zu essen, wenn er danach verlangte, ansonsten wollte der Junge von seinen Schwestern nicht mehr viel wissen. Er schlief nun auf der Männerseite des Zeltes und kroch nicht mehr zu Mary unter die Decken.

Dann kehrten auch Inyan-ska und Wambli aus den Bergen zurück und voller Stolz zeigte Wambli zwei Adlerfedern, die er erbeutet hatte. „Dieses Mal hat mich der Adler nicht erwischt", verkündete er lachend.
„Wozu tragt ihr denn Federn in eurem Haar?", erkundigte sich Mary wissbegierig.
„Mädchen mit den vielen Fragen!", verdrehte Wambli die Augen. Doch Inyan-ska bequemte sich zu einer Antwort: „Nun, die Federn zeigen die tapferen Taten, die ein Krieger bereits getan hat."
Mary dachte an die prächtige Federhaube aus Adlerfedern, die ihr Vater manchmal aufsetzte, wenn er zu Ratsversammlungen ging.
„Oh, da musst du aber ein berühmter Mann sein!", bewunderte sie ihn staunend. Vater schmunzelte vergnügt und dann holte er die Federhaube aus dem runden Behälter, in dem er sie stets ordentlich verstaute, und erzählte Mary zu jeder einzelnen Feder die Geschichte, wie er sie erhalten hatte.

Der Sommer war schön. Mary verstand inzwischen fast alles, was die Indianer sagten und konnte sich gut verständlich machen. Manchmal saß sie am Ufer des Sees und schaute über das Wasser hinaus. Alles war hier so friedlich. Libellen schossen über das Wasser und Schmetterlinge tanzten über den Büschen am

Ufer. Ein Teil des Ufers war von einem Schilfgürtel umgeben, in dem Enten und Gänse ihre Nester hatten und morgens kamen hier oft Tiere zur Tränke. Der Himmel war stets klar und zeigte manchmal lustige Wolkenformationen. Es gab auch Unwetter, die so heftig waren, dass Mary Angst um die Zelte hatte, aber die Indianer nahmen sie hin, wie alles andere, was die Natur ihnen gab. „Wakangli agli!", sagten sie dann. Die Donnerwesen sind zurückgekehrt.

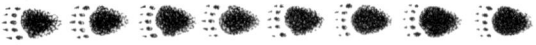

Und dann kehrten die jungen Krieger zurück. Taschunka withko führte sie an, doch sein Gesicht war müde und ernst. Sie hatten gekämpft und zwei Freunde waren gefallen. Trauergesänge hallten durch das Dorf und mit einem Mal war die schöne Stimmung dahin. Mary erlebte, wie sehr es die Indianer schmerzte, wenn einer ihrer Freunde zum großen Geheimnis ging, und biss traurig die Zähne zusammen. Sie hasste den Krieg. Warum konnten nicht alle in Frieden zusammenleben?
Sie ging den jungen Männern aus dem Weg. Sie rochen nach Kampf und Gefahr und das mochte sie nicht.
Die anderen Mädchen bewunderten die jungen Männer und einige, die schon älter waren, machten sich Hoffnungen, einen von ihnen zu heiraten. Mary konnte darüber nur den Kopf schütteln. Natürlich war es schön, wenn man später einmal ein Baby hatte, aber von so jemandem? Von einem Mann, der nur Kämpfen im Kopf hatte? Lieber nicht. Da kümmerte sie sich lieber um Tupfen und Witschachpi. Selbst Ptan war ihr inzwischen zu wild. Er hatte von Inyan-ska einen kleinen Bogen erhalten und übte sich nun im Schießen. Jungen haben wirklich nur Kämpfen im Sinn, dachte sie verächtlich. Nur Leiser Wind nicht. Der schien irgendwie anders zu sein.

Immer noch wusste sie nicht, wie es ihm ging und manchmal suchte sie sich einen Weg, der nahe an seinem Zelt vorbeiging. Dann versuchte sie einen Blick ins Innere zu erhaschen. Vielleicht lag er dort, vielleicht nicht. Sie war sich nie sicher.

Und dann stand er einfach da. In der Nähe des Ufers, wo sie immer Wasser schöpfte. Er trug seinen Arm in einer Schlinge, aber ansonsten schien es ihm gut zu gehen.
Sie war so erleichtert, ihn zu sehen, dass sie unwillkürlich lächelte. Leiser Wind lächelte zurück, dann verschwand er schnell. Andere Jungen hatten ihn entdeckt und umringten ihren Freund. Sie lachten und machten Scherze, aber jeder schien froh zu sein, ihn endlich zu sehen. Sie zogen ihre Pferde herbei und forderten ihn auf, mitzukommen, doch Leiser Wind schüttelte den Kopf und zeigte entschuldigend auf seinen Arm. Mit dem gebrochenen Arm konnte er nicht reiten.
Mary entfernte sich still und dachte darüber nach. Wahrscheinlich konnte er nicht aufsteigen, aber ansonsten dürfte es eigentlich keinen Grund geben, warum er nicht reiten konnte. Er brauchte nur ein braves Pferd, das ihn nicht wieder abwarf. Und er brauchte ein kleines Pferd, auf das er leicht aufsteigen konnte. So wie bei Tupfen.

Der Sommer verging und die Lakota verlegten das Dorf. Mary liebte die Wanderschaft, denn dann konnte sie den ganzen Tag auf ihrem Pony sitzen.
Sie wusste nicht genau, wohin es ging. Anscheinend nicht weit, aber das Gras war abgeweidet und die Lakota wollten neue Weideplätze für die Pferde suchen. Das Gras war braun und verdorrt, nur in den Flusstälern war es noch grün.
Sie hatten so viele Vorräte angelegt, dass sie ein weiteres Packpferd brauchten, das ein Schleppgerüst hinter sich herzog. Mary

führte das Pferd an einem Strick hinter sich her, aber es war anstrengend. Das Pony wollte meist schneller laufen und ärgerte sich, wenn es so langsam dahintrotten musste.

Mary merkte sich den Weg und erkannte, dass sie nach Norden zogen. „Kehren wir nicht zu unserem Winterlager zurück?", fragte sie verwundert.

Die Mutter schüttelte den Kopf. „Nein, da sind inzwischen viele weiße Soldaten. Es ist nicht sicher. Wir bleiben hier im Westen." Sorge klang in ihrer Stimme. „Weißt du, das Leben ist schwierig geworden, seit die Weißen in unser Land gekommen sind. Sonst haben wir unser Winterlager immer im Süden der Heiligen Berge aufgebaut. So wie es uns das Große Geheimnis gelehrt hat. Dort leben wir im Heiligen Kreis. Jetzt ist alles anders!"

Mary störte das nicht. Ihr war ein Ort so lieb wie der andere. Träumend saß sie auf Tupfen und genoss es, geschaukelt zu werden. Nur ihr Arm tat weh, weil er immer nach hinten gerissen wurde, wenn das andere Pferd stehenblieb oder langsamer wurde. So eine sture Mähre!

Dann erblickte sie vor sich in der Kolonne Leiser Wind. Er lief zu Fuß neben einem Packpferd und ließ den Kopf hängen. Seine Freunde waren außer Sichtweite. Wahrscheinlich halfen sie die Pferdeherde zu treiben. Aber mit dem gebrochenen Arm konnte Leiser Wind nicht helfen.

Mary nagte an ihren Lippen und hatte schließlich eine Idee. Bei der nächsten Rast ging sie einfach zu dem Jungen und drückte ihm den Strick in die Hand, mit dem sie Tupfen führte. „Hier, ich möchte, dass du mein Pony reitest. Ich muss das Packpferd führen und Tupfen langweilt sich. Möchtest du mein Pony für mich hüten?"

Die Augen von Leiser Wind leuchteten vor Dankbarkeit, sonst verzog er keine Miene. Er nickte großzügig und tat so, als wollte er Mary einen Gefallen tun. „Ich achte auf dein Pony!"

Mary lächelte und sah zu, wie Leiser Wind auf den Rücken des Ponys glitt. Er kam mühelos hoch, obwohl er Schmerzen hatte. Mary konnte sehen, wie er kurz den Atem anhielt, dann entspannte sich sein Gesicht wieder. Vorsichtig trieb Leiser Wind Tupfen mit seinen Schenkeln an und galoppierte davon. Das Fohlen stob hinter seiner Mutter her, froh darüber, dass es endlich etwas zu entdecken gab.

Mary kicherte und kehrte zu dem Packpferd zurück. Ihre Mutter lächelte, sagte aber nichts und Mary kletterte auf das hohe Pferd hinauf. Nun ging es wesentlich leichter vorwärts, weil sie dem Pferd nur die Hacken in den Bauch klopfen konnte, wenn es zu langsam dahintrottete. Dann legte es die Ohren an und beschleunigte seinen Schritt.

Mary überließ Leiser Wind während der gesamten Reise ihr Pony. Die anderen Jungen fanden es sehr praktisch, dass Leiser Wind nun mit ihnen reiten konnte und verspotteten ihn nicht, wenn er auf dem kleinen Pony ankam. Es gab eben große und kleine Pferde und jedes erfüllte seinen Zweck. Insgeheim fanden sie es sehr großzügig von Mary, dass sie Leiser Wind das Pony überließ, obwohl sie darüber natürlich nicht sprachen. Mit Mädchen sprach man nicht.

Die Lakota erreichten einen weiteren Flusslauf und zogen an ihm dahin. In der Ferne leuchtete die graue Silhouette einer Hügelkette und immer wieder kamen sie an lichten Wäldern vorbei. Schließlich erreichten sie ein weites Tal, das zu beiden Seiten von Wäldern umgeben war und durch dessen Mitte sich der Fluss schlängelte. Die Familien bauten ihre Zelte weit voneinander entfernt auf, sodass sie bald im ganzen Tal verstreuten waren. Die Pferdeherde verteilte sich zwischen den Zelten und rupfte büschelweise das hohe Gras ab. So wurde es innerhalb kürzester Zeit abgemäht.

Mary grinste frech. Wie viel Arbeit das Mähen im Herbst immer gemacht hatte! Und hier überließ man es den Pferden. Sie fand es praktisch. Kleine Wege entstanden und Klapperschlangen und anderes Getier suchten das Weite.

Der Arm von Leiser Wind war geheilt und er hatte Tupfen wortlos zurückgebracht. Er sagte weder danke, noch sonst etwas. Aber eines Tages lag plötzlich ein schönes Kleid auf ihrem Lager. Mary staunte über die rosa und blauen Perlenmuster, die darauf gestickt waren. Es war wunderschön, sogar mit passenden Mokassins und Leggins. Bewundernd hob Mary die Sachen hoch und drehte sich fragend zu ihrer Mutter um. „Für mich?", fragte sie.

„Ja, die Mutter von Leiser Wind hat die Kleidung gebracht. Sie meinte, dass sie dir vielleicht passen könnte? Ihrer Tochter sind sie zu klein!"

Mary starrte ihre Mutter sprachlos an, denn es war deutlich zu sehen, dass die Sachen ganz neu waren. Sie probierte das Kleid an und schlüpfte in die Mokassins. Alles passte wie angegossen. Die Sachen waren eindeutig für sie gemacht worden. Es war ein Dankeschön! Mary kicherte vor Freude und drehte sich im Kreis. „Gut, dass die Sachen für die Schwester von Leiser Wind zu klein sind!", lachte sie übermütig.

„Ja, nicht wahr!", stimmte Iná zu und kicherte ebenfalls.

Mary zog die wunderschönen Sachen wieder aus und beschloss, sie nur zu den Tanzfesten zu tragen. Aber nun hatte sie auch so schöne Gewänder wie Iná und Hanhepi-win.

Sie freute sich schon darauf, die Sachen zu tragen und wusste genau, dass Leiser Wind sie heimlich beobachten würde.

In den nächsten Tagen begleitete sie Hanhepi-win und Iná in

den Wald. Eigentlich war es kein Wald, so wie sie ihn kannte. Die Kiefern standen in lichter Folge, sodass man selbst mit einem Pferd noch hindurchreiten konnte. Die Bäume waren auch nicht hoch. Der Boden war bedeckt mit Kiefernnadeln und überall wuchs hohes Gras. Hier würde der Schnee im Winter nicht hoch liegen und die Pferde konnten Futter finden. Im Moment suchten die Frauen nach Pilzen und Hagebutten. Manchmal fanden sie auch Nüsse und am Ufer des Flusses standen einige Bäume mit Pflaumen, die noch nicht verdorrt waren.

Mary liebte den Herbst. Er war allerdings kurz, außerdem gab es kaum Laubbäume mit bunten Blättern. Nur ab und zu sah sie Pappeln, deren Blätter sich golden färbten. Sie fand das schön. Außerdem liebte sie es, wenn sie durch den Wald streifen konnte, um nach Nahrung zu suchen. Mutter zeigte ihr auch allerlei Kräuter, die sie zum Trocknen im Tipi aufhängte.

Dann kam die Zeit des Holzsammelns. Bündelweise schleppten die Mädchen trockene Zweige zum Tipi und schichteten sie in der Nähe des Eingangs auf. Mary ließ Tupfen einige größere Äste hinter sich herziehen, die sie um das Tipi legte. Sie wusste, dass sich irgendwann der Schnee darin verfangen würde und einen natürlichen Schutz bildete. Sie bastelte aus geraden Ästen ein Tragegestell, das sie dem Pony auf den Rücken band. Damit konnte sie nun Tupfen die Bündel mit dem Holz tragen lassen. Sie hatte so etwas schon einmal bei einem Esel gesehen und wollte es nun selbst versuchen. Ihr Pony war brav und ließ sich eigentlich alles gefallen.
Geduldig trug es die Bündel zum Zelt zurück und die Mutter staunte über Marys Einfallsreichtum. „Eine gute Idee, dass du dein Pony die Bündel tragen lässt. Unsere Pferde sind dafür zu wild."

Mary lächelte geschmeichelt und ging wieder los, um weiteres Holz zu sammeln. Für sie war es keine schwere Arbeit, sondern sie genoss es, im Wald herumzulaufen.

Sie brachte das Holz zu den zwei Großmüttern, die ihr freundlich entgegenlächelten und ihr dann schöne Geschichten erzählten. Oder sie zeigten ihr, wie man mit Perlen die schönen Muster auf das Leder stickte oder wie man für die Puppe eine Wiege bauen konnte.

„Untschi", sagte sie dann liebevoll das Kosewort für Großmutter. „Erzähl mir eine Geschichte!" Für die Großmutter war sie nicht Mary oder Taschunka-gleschka-win, sondern Mitakoja, meine Enkelin.

Und ihren Großvater nannte Mary respektvoll „Tunkáschila", Großvater. Auch er konnte wunderbare Geschichten erzählen, obwohl es ein wenig schwierig war, ihn zu verstehen, denn er hatte kaum noch Zähne und nuschelte. Mary dachte, dass er gewiss uralt war. Sein Gesicht war voller Runzeln und seine Haare grau. Meistens saß er am Feuer und starrte mit blinden Augen in die Flammen. Aber wenn er Geschichten erzählte, dann kam das Feuer in seine Augen zurück und er wurde wieder jung. Er erzählte von den Zeiten, als er ein junger Krieger gewesen war und er seine ersten Ponys von den Feinden erbeutet hatte. Mary mochte es nicht, wenn die Indianer einander die Pferde stahlen, denn für sie war es etwas Schlimmes. Für die Indianer dagegen war es eine tapfere Tat, und so lauschte Mary den Geschichten und bemerkte kaum, wie sich der erste Schnee über das Land legte und der Winter aus dem hohen Norden zurückkehrte.

Winter

Mary verbrachte den zweiten Winter mit ihrer Familie und es erschien ihr eine Ewigkeit her, dass sie mit dem Planwagen über das Land gerumpelt war. Sie dachte nur noch ganz selten an ihre Mama, denn ihr Tag war ausgefüllt mit den kleinen Pflichten, die man ihr auferlegte. Morgens rannte sie mit den anderen Mädchen zum Fluss, um sich zu waschen. Im Winter war es nur eine kurze Wäsche und die Mädchen verzichteten darauf, sich gegenseitig nass zu spritzen.

Von den Jungen wurde erwartet, dass sie tatsächlich badeten. Manchmal machten sie Wettkämpfe, wer es am längsten im eisigen Wasser aushielt. Irgendwann unterbanden die Erwachsenen diesen Unsinn, denn zwei der kleineren Jungen waren ernsthaft erkrankt.

Nach dem Bad wurde im Tipi eingeheizt und jeder kämmte sich ordentlich die Haare. Dann wurden die Zöpfe geflochten und mit Fell umwickelt. Das sah hübsch aus. Wer Hunger hatte, nahm sich einfach eine Schale Suppe oder kramte einen Fleischkeks hervor. Bei schönem Wetter gingen die Mädchen anschließend Feuerholz sammeln. Noch türmten sich die Holzstöße vor dem Zelt, aber Mary konnte sich noch an die Stürme im letzten Winter erinnern, wo es unmöglich gewesen war, das Zelt zu verlassen. Solange es das Wetter zuließ, war es besser, möglichst viel Holz zu sammeln.

Der Winteranfang war überraschend mild. Es hatte zwar geschneit, aber die verheerenden Stürme waren bisher ausgeblieben. Oft schien die Sonne und tagsüber war es so warm, dass der Schnee sogar wieder taute.

Die Mädchen nutzten die Mittagssonne, um draußen zu spielen und Mary hängte wieder ihre Schaukel auf. Es war gar nicht so leicht, einen Baum zu finden, dessen Äste stark genug waren, das Gewicht eines schaukelnden Kindes zu tragen. Außerdem brauchten sie einen Ast, der möglichst waagerecht zum Stamm wuchs. Sie hatte einen solchen Baum gefunden, doch als sie dort hinaufgeklettert war, kam eine alte Großmutter und scheuchte sie fort.

Verständnislos rannte Mary zu ihrer Mutter und fragte, warum sie dort nicht sein durfte.

„Siehst du die starken Äste, die nicht nach oben wachsen, sondern ihre Arme zur Seite ausstrecken?", fragte Iná. Mary nickte nur. Deshalb hatte sie den Baum ja ausgesucht, um die Schaukel aufzuhängen. „Früher haben wir dort unsere Toten aufgebahrt. Deshalb sind die Äste so gewachsen."

Mary schüttelte es. Ein Geisterbaum! Ein richtiger Geisterbaum! Ein Schauer lief ihr den Rücken hinunter. Hatte nun ein Geist vielleicht nach ihr gegriffen, als sie dort hochgeklettert war?

Iná nahm sie in den Arm. „Du brauchst dich vor den Geistern nicht zu fürchten. Viele helfen uns, wenn wir in Not sind. Untschi wollte nur nicht, dass du respektlos bist und dort spielst. Wir gehen dorthin, um die Nähe der Geister zu spüren und in Zeiten der Not ihre Hilfe zu erflehen. Es ist ein Ort des Gebets."

Mary sah sie mit großen Augen an, dann senkte sie beschämt den Blick. „Ich werde achtsamer sein", versprach sie.

„Komm, ich helfe dir, einen Baum für dein schaukelndes Ding zu finden", bot Iná freundlich an.

„Oh ja!", freute sich Mary. „Dann kannst du auch mal so hin und her schwingen."

Iná musste so lachen, dass ihr die Tränen kamen. „Du hast manchmal merkwürdige Einfälle, meine Tochter!"

Mary kicherte: „Wieso? Meine andere Mutter hat so was auch gern gemacht."

„Wirklich?", wunderte sich Iná.

„Wirklich!", lächelte Mary, und der Gedanke an ihre Mama tat gar nicht mehr weh. Sie erinnerte sich eigentlich nur noch an die schönen Dinge. Sie wusste noch ganz genau, wie ihre Mutter immer gelacht hatte, wenn sie mit fliegenden Haaren auf der Schaukel saß, und Vater brummend den Kopf geschüttelt hatte. Komisch, dachte sie verwundert, es hatte Zeiten gegeben, da war ihr Vater nett gewesen und hatte sie und den Bruder nicht geschlagen. Je länger die Zeit verging, desto mehr fielen ihr diese alten, schönen Bilder ein.

Und dann zeigte sie ihrer indianischen Mutter, wie sie die Beine nach oben und unten bewegen musste, damit die Schaukel sich in Gang setzte. Sie gab der Schaukel einen kräftigen Schubs und Iná flog wie ein Vogel nach oben. Kichernd standen die Mädchen daneben und hielten sich vor Lachen die Hand vor den Mund. Es war so lustig und das Lachen tat so gut. Der Ast des Pflaumenbaumes, an dem sie die Schaukel befestigt hatten, bog sich ein wenig, aber er hielt das Gewicht der erwachsenen Frau. In der Ferne standen einige Männer und beobachteten kopfschüttelnd, was die Mädchen dort machten. Aber am meisten wunderten sie sich über Iná, die wie ein junges Mädchen durch die Luft flog.

Am Abend zwinkerte Inyan-ska seiner Frau lustig zu. „Heute sah ich einen merkwürdigen Vogel. Er trug ein Kleid mit Fransen und sah fast so aus wie meine Frau."
Iná kicherte verlegen und breitete dann ihre Arme aus. „Vielleicht verwandle ich mich in einen Vogel und fliege dir davon?"
Inyan-ska zog empört die Augenbrauen hoch, dann stürzte er sich mit einem Satz auf seine Frau. „Ich halte dich lieber fest, ehe du mir davonflatterst!"
Iná kreischte, die Kinder lachten und alle hatten an diesem Abend viel Spaß. In der Nacht wütete der erste Schneesturm

über dem Land, doch Mary lag unter den warmen Büffelfellen und träumte.

Am nächsten Morgen stapfte sie als erstes durch den hohen Schnee und suchte nach ihren Pferden. Sie kämpfte sich durch das Tal, dann wurde der Weg leichter, als sie die Bäume erreichte. Hier war nicht so viel Schnee gefallen und sie kam besser voran. Die Indianer hatten Recht. Zwischen den Bäumen lag kaum Schnee und die Pferde mussten ihn nur ein wenig beiseite kratzen, um Gras zu finden.

Mary rief nach Tupfen und Witschachpi und freute sich, als die beiden angerannt kamen. Noch waren ihre Bäuche rund und die Rippen nicht zu sehen. Sie hatten sich im Herbst viel Fett angefressen. „Na ihr?", flüsterte Mary. „Geht es euch gut?" Sie kletterte auf Tupfens Rücken und ritt ein Stück durch den lichten Wald. Sie war der einzige Mensch, der unterwegs war. Es beunruhigte sie, dass die Indianer im Winter keine Wachen aufstellten. Vielleicht kamen Wölfe oder Pumas, die den Pferden gefährlich werden konnten. „Ein Wolf greift kein gesundes Pferd an", hatte Iná gemeint. Mary war das nicht genug. „Und ein Puma?"

„Auch nicht!" Damit war das Thema beendet. Vielleicht wollte aber auch kein Krieger bei der Kälte hier draußen sein, hatte Mary überlegt. „Und wenn Feinde kommen?", bohrte sie weiter. Iná hatte darüber nur gelächelt. „Im Winter kommen auch die Feinde nicht mehr durch! Oder möchtest du in einem solchen Schneesturm draußen sein?"

Natürlich nicht! Trotzdem war Mary stets froh, wenn sie ihre Pferde wohlbehalten wiedersah. Witschachpi war bereits größer als seine Mutter und ganz schön frech.

Wenn Mary Tupfen streichelte, dann drängte er sich dazwischen und wollte auch gestreichelt werden. Und er mochte es gar nicht, wenn Mary auf Tupfens Rücken saß. Dann kam er immer wieder näher und stieß sie mit seinem Kopf an. Als wollte er sagen: „Hey, das ist meine Mutter. Runter da!"

Anfangs hatte Mary darüber gelacht, doch inzwischen war der Hengst so groß, dass sie fast vom Pferd stürzte, wenn er sie so anstupste. Iná hatte gesagt, dass sie ihm das abgewöhnen müsste, aber Mary wollte ihn nicht schlagen oder vertreiben. So ließ sie es zu, dass er seine Spielchen mit ihr trieb.

Auch jetzt kam er wieder angetrabt und Mary sah an seinem schelmischen Blick, dass er sie abwerfen würde. Sie hielt sich gut an Tupfen fest und wartete einfach auf den kleinen Schubs. Witschachpi hatte jedoch eine andere Taktik. Er stieß ihr nicht wie sonst gegen den Arm oder Oberkörper, sondern er senkte seinen Kopf, quetschte sich unter ihr Bein und machte dann eine ruckartige Bewegung nach oben. Dabei riss er ihr Bein in die Höhe, und Mary flog in hohem Bogen vom Pferd.

Sie landete im weichen Schnee und schimpfte gewaltig. „Du Mistvieh!" Sie klopfte sich den Schnee aus den Kleidern und stieg wieder auf Tupfens Rücken. Iná hatte wieder mal Recht gehabt. Natürlich musste sie Witschachpi diesen Unsinn abgewöhnen, und zwar gleich. Sie wollte nicht jedes Mal in einem Schneehaufen landen, wenn sie auf Tupfen einen Ausritt machte. Also wartete sie gespannt darauf, bis Witschachpi wieder näher kam, dann gab sie ihm einen unsanften Klaps auf die Nase. Es tat ihr in der Seele weh, doch es musste sein! Witschachpi schnaubte empört und machte einen Satz nach hinten, dann starrte er sie verblüfft an. So etwas hatte er noch nie erlebt. „Nein!", sagte Mary unmissverständlich.

Das Fohlen wollte es wohl nicht glauben, denn es startete einen weiteren Versuch. Mit gesenktem Kopf kam es näher, dickköpfig und stur. Wieder gab es einen Klaps auf die Nase und das strenge „Nein" erklang. Doch das Fohlen ließ sich nicht abschrecken. Tupfen war seine Mutter! Immer wieder versuchte es, Mary vom Rücken zu stoßen und jedes Mal bekam es einen unsanften Klaps.

Schließlich trottete es mit hängendem Kopf hinterher und schien die Welt nicht mehr zu verstehen. Aus dem schönen Spiel war Ernst geworden und es lernte, dass es bei der kleinen Menschenfrau Grenzen gab, die es nicht zu überschreiten galt. Eine schwierige Lektion für ein kleines Hengstfohlen. Sehr schwierig!

Witschachpi fiel ein wenig zurück, während Mary Tupfen weiter durch den Wald lenkte. Alles war still. Nicht einmal Vögel waren zu hören. Dann ertönte ein kurzes Fauchen und der schrille Schrei des Fohlens. Mary wirbelte herum und ihr Herz krampfte sich vor Schreck zusammen. Ein Puma hatte sich in den Hals des Fohlens verbissen und umklammerte es mit seinen scharfen Pranken. Er versuchte es umzuwerfen und mit seinen scharfen Fängen die Kehle durchzubeißen.

Ohne zu denken sprang Mary von ihrem Pony, zog das Messer aus der Scheide und rannte auf ihr Fohlen zu, um es zu retten. Dabei schrie sie aus Leibeskräften um Hilfe. „Hilfe! So helft mir doch! Ein Puma! Ein Puma!"

Ihre Stimme schnappte über vor Angst. Mit dem Messer stürzte sie sich auf den Puma und stach ihm in den Nacken. Der Puma ließ das Fohlen los, stattdessen stürzte er sich auf Mary, die ihm frecherweise die Beute abjagen wollte. Mit seiner Tatze schlug er nach ihr und erwischte sie am Unterschenkel, dort, wo die Leggins das Bein schützten. Aber die Pranken waren scharf und so drangen sie bis in Marys Fleisch ein und hinterließen eine blutige

Spur. Mary war wie gelähmt vor Entsetzen. Erst jetzt erkannte sie, dass sie selbst in Gefahr war. Drohend hob sie das Messer und streckte es dem Tier entgegen. „Hau ab!", schrie sie so laut sie konnte.

Der Puma duckte sich und setzte bereits zum Sprung an. Er fauchte irritiert und sperrte dabei sein Maul auf. Mary schrie und schrie, aber sie blieb stehen und hielt tapfer das Messer in der Hand. Hinter ihr schrie das Fohlen und es ging Mary durch Mark und Bein.

Dann verschwand der Puma plötzlich und rannte in den Wald. Ein Pfeil traf ihn in die Flanke und riss ihn von den Beinen. Der Puma machte einige wütende Bewegungen mit seinen Tatzen, dann erschlaffte er und blieb mit offenem Maul liegen.

Taschunka withko erschien in Marys Blickfeld und neben ihm Leiser Wind. Mary wusste nicht, wer den Pfeil abgeschossen hatte. Es war ihr auch gleichgültig. Aschgrau im Gesicht sank sie zu Boden und kraftlos ließ sie die Hand mit dem Messer sinken. Ihr ganzer Körper zitterte plötzlich und sie konnte den Blick nicht von der toten Raubkatze abwenden.

Taschunka withko trat neben das Fohlen und untersuchte die Wunden, die der Puma ihm zugefügt hatte. Das Fohlen atmete heftig und wieherte nach seiner Mutter, die in einiger Entfernung stand und sich nicht näher heran traute. Sie hatte den Geruch des Pumas in den Nüstern und schnaubte ängstlich.

Taschunka withko wandte sich an Mary: „Die Wunden sind nicht schlimm! Es wird leben!"

Auch Leiser Wind kam näher und machte eine bewundernde Bewegung zu dem Puma. „Du bist mutig, dass du ihn mit dem Messer angreifst."

„Ich hatte ja nichts anderes", hauchte Mary.

Leiser Wind lachte leicht. „Klar, du bist ja auch ein Mädchen!"

Langsam näherten sich auch andere Bewohner des Dorfes, die

durch Marys Schreien aufgeschreckt worden waren. Sie stellten sich um den toten Puma und bewunderten die großen Tatzen. „Gut, dass ihr ihn getötet habt. Er hätte im Winter sicherlich noch mehr Pferde gerissen. Er dachte wahrscheinlich, dass die kleinen Ponys gute Beute sind!"

Mary fand das gar nicht lustig. Ihr Bein schmerzte unerträglich und das Zittern in ihrem Körper wollte nicht aufhören. Ihre Zähne klapperten aufeinander und sie fühlte sich schlecht. „Ich möchte heim!", flüsterte sie.

Leiser Wind half ihr hoch und sah sofort das blutende Bein. „Hohch, der Puma hat dich erwischt!"

Mary nickte nur und dann liefen ihr die Tränen hinunter. „Es tut weh", flüsterte sie mit erstickter Stimme.

Taschunka withko nahm sie auf den Arm und stapfte durch den Schnee in Richtung des Dorfes. „Keine Angst!", meinte er, „Es sind nur ein paar Kratzer, die schnell verheilen werden." Seine Stimme klang angenehm beruhigend und spendete Trost. „Und mein Pony?", jammerte Mary.

„Leiser Wind kümmert sich darum. Sieh nur, er führt es bereits ins Dorf. Er wird sich um die Wunden kümmern." Taschunka withko drehte sich ein wenig, damit Mary sehen konnte, was Leiser Wind tat. Dann bückte er sich mit Mary im Arm ins Zelt von Iná und Inyan-ska. „Eure Tochter wurde von einem Puma angefallen", meinte er höflich.

Behutsam setzte er das Mädchen auf ein Fell und deutete auf das verletzte Bein. „Vielleicht wäre es gut, die Wunden auszuwaschen?", meinte er noch, dann verließ er das Zelt wieder.

Mary hätte sich gern bedankt, aber der Mann war so schnell gegangen, dass dafür keine Zeit blieb. Außerdem pochte das Bein ganz fürchterlich. Iná zog ihr die Leggins aus und tastete nach den Kratzern. „Wie ist denn das geschehen?", fragte sie.

„Hohch!", schimpfte Mary ungehalten. „Ein Puma wollte mein Pony fressen und ich habe es ihm verboten!" Und dann musste sie gleichzeitig lachen und weinen. Sie war froh, dass nichts passiert war und vergaß fast die Schmerzen. Die paar Kratzer zählten nicht! Die Männer hatten den Puma erschossen und so würde er keine Gefahr mehr für ihre Ponys darstellen. Ja, es war ihm Recht geschehen!

Sie beobachtete, wie die Mutter die Wunden auswusch und schließlich eine Paste darauf schmierte. Dann umwickelte Iná das Bein mit einem ledernen Band und Mary verzog das Gesicht, denn es brannte. Sie sog die Luft scharf durch die Zähne ein und wackelte mit der Hand, um den Schmerz besser auszuhalten, dabei liefen ihr wieder die Tränen über das Gesicht und sie konnte ein Schluchzen nicht unterdrücken.

„Tut es weh?", fragte Iná mitfühlend.

Mary nickte und wischte sich über das Gesicht. „Ja! Und ich hatte so eine Angst um Witschachpi."

„Nun, dann lauf doch und sieh nach ihm", lächelte Iná gutmütig.

Mit wackeligen Beinen richtete Mary sich auf und schlüpfte aus dem Zelt. Sie hinkte ein wenig, aber ansonsten schien die Wunde nicht so schlimm zu sein. In einiger Entfernung sah sie ihre beiden Ponys und daneben standen Taschunka withko und Leiser Wind. Sie behandelten immer noch die Wunden an Witschachpis Hals und Nacken. Mary trat neben sie und streichelte ihr Fohlen. Ihre Augen wurden groß vor Sorge und Angst, als sie die langen Kratzer sah. Und dann weinte sie richtig. Dicke Tränen liefen ihr über das Gesicht und nichts und niemand konnte sie mehr stoppen.

Geschichten

Am Abend winkte Inyan-ska Mary zu sich und wies sie an, sich auf den Platz neben ihm zu setzen. Erwartungsvoll riss Mary die Augen auf und schaute ihren Vater an. „Du hast heute Schlimmes erlebt …", begann ihr Vater umständlich. Mary nickte und hatte schon wieder Tränen in den Augen.

„Heute wäre dein Fohlen fast getötet worden …", fuhr Inyan-ska fort.

„Ja!", unterbrach Mary ihren Vater. „Ein böser Puma wollte ihn fressen."

„Ein Puma ist nicht böse", erklärte Inyan-ska ernst. „Er tut das, was er tun muss, um zu überleben. Du warst unvorsichtig, als du mit deinen Pferden mitten im Winter den Schutz der Herde und des Dorfes verlassen hast."

Mary schluckte schwer. Sollte das heißen, dass sie dies zu verantworten hatte?

„Im Winter bleiben die Pferde zusammen. Sie wärmen sich und sie schützen sich gegenseitig. Das musst du beachten!", erklärte Inyan-ska weiter.

„Und trotzdem ist der Puma böse!", behauptete Mary stur.

Inyan-ska lächelte erheitert. „Nur in deinen Augen ist er böse, nur in deinen Augen!"

Er machte eine kurze Pause und fuhr dann fort: „Wir Lakota glauben, dass alle Wesen miteinander verwandt sind. Wir behandeln alles um uns herum mit Respekt, denn auch wir sind nur ein Teil der Schöpfung, die uns umgibt. Wir töten die Tiere, weil wir uns von ihnen ernähren, aber niemals nehmen wir mehr als wir brauchen. Auch der Puma hat nur gejagt, genauso wie wir es tun."

„Und wieso sind wir alle miteinander verwandt?", fragte Mary. Eigentlich wollte sie mit keinem bösen Puma verwandt sein.

„Das kommt vom Anbeginn der Zeit. Es ist die Geschichte, wie alles entstanden ist."

Mary zappelte erwartungsvoll. Sie wusste doch, dass Gott die Welt in sieben Tagen erschaffen hatte. So stand es in der Bibel. Aber sie wusste auch, dass die Lakota oft ganz andere Geschichten hatten. „Erzähl mir, wie die Welt entstanden ist!", bat sie drängend.

Inyan-ska lachte freundlich. Er liebte es, wenn er Geschichten erzählen konnte und er freute sich darüber, dass Mary sie inzwischen verstand. „Also gut", willigte er ein. „Höre gut zu!"

Mit melodischer Stimme begann er den Anfang der Geschichte zu erzählen. Er sprach langsam, damit Mary auch alles verstand. „Takuni yuke schni itokamena Inyan kin yuke, na nachi tawa kin Wakan Tanka." – Nichts existierte außer Inyan, dem Felsen, und seine Seele war Wakan Tanka, das große Geheimnis.

„Inyan wowasch'ake kin yuha, na wowasch'ake kin he tawé el yanke, na tawé kin to." – Inyan besaß alle Kraft, und seine Kraft saß in seinem Blut, und sein Blut war blau.

Mary wagte kaum zu atmen, als sie die Worte in sich aufsaugte. Es war so anders als alles, was sie bis dahin gehört hatte. Wieso gab es denn am Anfang nur einen Felsen, und keinen Gott? Und wieso hatte der Felsen blaues Blut? Und wieso hatte ein Felsen eine Seele? War diese Seele vielleicht wie Gott? Sie schloss die Augen, um ja alles verstehen zu können und hörte auf die sanfte Stimme ihres Vaters.

„Am Anfang war nur Dunkelheit, und Inyan, der Felsen, war einsam. Aber er wusste, dass er nichts erschaffen konnte, wenn er es nicht von sich selbst nahm. So ließ er sein Blut fließen und er wusste, dass damit auch seine Kraft schwinden würde. Als erstes entstand die Erde um ihn herum. Sie war jung wie ein Baby, und doch schon voller Energie und Kraft. Überall waren Vulkane und Lava und die Erde war noch unbeherrscht und zornig. Inyan ließ sein Blut weiter fließen und so entstanden Meere und Flüsse. Sie kühlten die Lava und durch den aufsteigenden Dampf entstanden die Wolken und der Himmel. Inyan ließ nun all seine Kräfte los und verwandelte sich zu Stein. Fortan saß die Kraft im Himmel."

Mary seufzte tief. Ja, das machte Sinn. Gott saß ja auch im Himmel!

„Die Erde aber war noch jung und unzufrieden. Sie beschwerte sich, weil alles so dunkel war und sie nichts sehen konnte, außerdem war ihr kalt. So verbannte der Himmel die Dunkelheit und versteckte sie in der Erde. Jeder gab nun ein Stück von sich selbst. Die Erde gab etwas Erde, der Stein gab einige Felsen und der Himmel gab das Wasser und es entstand Wi, die Sonne. Sie gab Licht und Wärme und alle waren zufrieden. Doch dann beschwerte sich die Erde, dass es immer so hell und so heiß war. Also holte der Himmel die Dunkelheit aus der Erde zurück und ließ sie abwechselnd mit der Sonne um die Erde kreisen. Auf diese Weise gab die Sonne Licht und Wärme, doch die Hälfte der Zeit herrschte Dunkelheit und Maka, die Erde, konnte sich ausruhen.

Wieder beschwerte sich Maka, die Erde, dass sie so allein wäre und der Himmel gestattete jedem Wesen einen Partner zu erschaffen. Inyan, der Felsen, erschuf Blitz und Donner, die über die Erde fegten, um sie zu reinigen. Die Sonne erschuf den Mond, und anfangs wanderten sie noch gemeinsam über den Himmel. Der Himmel erschuf den Wind, doch da der Wind nie an einem Ort blieb, erschuf er auch noch Wohpe, seine Tochter. Sie sah bereits aus wie ein Mensch.

Die Erde jedoch erschuf Unk, ein Geschöpf aus Zwist und Streit. Und weil Unk so hübsch war, wurde die Erde eifersüchtig und verbannte sie ins Meer.

Jeder durfte nun weitere Wesen erschaffen. Der Stein erschuf die Steinwesen, kleine Geister, die in den Steinen leben und heilende Kräfte haben.

Die Sonne erschuf alle Wesen des Feuers. Die Erde erschuf Pflanzen und Tiere. Nur Unk, die beleidigt war, erschuf lauter seltsame Geschöpfe, die im Wasser lebten und ganz seltsam anzuschauen waren. Sie wollte damit den Himmel und die Erde ärgern. Aber der Himmel unternahm nichts und so gab es fortan die seltsamsten Geschöpfe, wie Krebse und Fische mit seltsamen Augen."

Mary schüttelte sich und kicherte. Jetzt wusste sie endlich, woher die Fische und Krebse ihr seltsames Aussehen hatten! So hatte sie es allerdings noch nie gehört. „Und woher kommen die Menschen?", fragte sie wissbegierig.

Inyan-ska schaute sie erheitert an. „Nun, damit Wohpe, die Tochter des Himmels nicht so allein war, wurden die Menschen erschaffen. Aus Steinen wurden Knochen geformt, die Erde wurde zu Fleisch, der Himmel gab Geist und Willen, die Sonne gab den Menschen ihre Wärme und der Wind blies ihnen Atem ein. So entstanden die ersten Menschen. Anfangs lebten sie in einer Höhle in der Erde und es mangelte ihnen an nichts. Und weil wir alle von Inyan, dem ersten Wesen abstammen, sind wir miteinander verwandt. Wir entstammen der Erde und kehren in sie zurück. Wir gehören alle zu der Schöpfung und sind eins mit ihr."

„Dann bin ich auch mit Tupfen und Witschachpi verwandt?", fragte Mary begeistert.

„Aber ja! Und mit den Felsen und Bäumen. Mit den Vögeln und anderen Tieren, mit allem, was dich umgibt. Wenn du betest, dann hörst du ihre Stimmen. Du musst nur lernen, sie zu erkennen. Suche die Stille, dann hörst du sie! Du musst nicht traurig sein, wenn jemand zu Wakan Tanka zurückkehrt. Das gehört zum Leben dazu."

Mary schniefte leicht. „Aber ich bin doch so traurig! Ich will nicht, dass Witschachpi von einem Puma gefressen wird. Und ich will nicht, dass jemand, den ich liebe, stirbt."

Inyan-ska nickte bedächtig und drückte seine Hand auf ihr Herz. „Es ist gut, wenn dein Herz voller Mitgefühl und Liebe ist, aber manchmal geschehen diese Dinge einfach. Man kann sie nicht beeinflussen. Aber man kann beten!"

„Und wenn mein Fohlen gestorben wäre?", fragte Mary bestürzt.

„Dann würdest du für seine Seele beten. Und es würde dich ganz gewiss hören."

Es klang so tröstend, so schön, dass Mary lange darüber nachdachte. Die Seele war unsterblich, nur der Körper verging. Es machte Mut und gab Vertrauen.

„Trotzdem werde ich in Zukunft besser auf meine Ponys achten", sagte sie bestimmt.

Inyan-ska lachte herzhaft. „Schaden kann das gewiss nicht", bestätigte er.

Und so lernte Mary, dass man sich bei der Seele der Tiere bedankte, wenn man sie erlegt hatte. Und sie beobachtete, wie oft Inyan-ska und Iná beteten. Und sie lernte, dass die Pfeife nicht zum Vergnügen geraucht wurde, sondern dass der Rauch des Tabaks die Gedanken und Gebete zu Wakan Tanka trug.

Sie rollte Tabak in kleine Bündel aus Leder oder Stoff und hängte sie in die Zweige der Bäume, um für die Genesung von Witschachpi zu beten. Sie fand es schön, dass sie zum Beten nicht in die Kirche gehen musste. Wakan Tanka hört dich überall, hatte Inyan-ska erklärt. Immer noch betete Mary zum lieben Gott, denn Inyan-ska hatte gemeint, dass Wakan Tanka dies auch verstehen würde.

Aber Mary lernte auch die Lieder und Gebete der Lakota, und sang sie mit ihrer hellen, klaren Stimme.

Die Wunden an Witschachpis Hals heilten und ließen nur einige graue Narben im schwarzen Fell zurück. Meist stand das Hengstfohlen ganz nah bei seiner Mutter. Es hatte einen gewaltigen Schreck bekommen und schaute äußerst misstrauisch in die Umgebung. Nur Mary liebte es abgöttisch. Wie ein kleiner Hund lief es neben dem Mädchen her und pustete ihm in den Nacken. Es versuchte nie wieder, Mary vom Rücken der Mutter herunterzuschubsen, und es stand ganz still, als ihm zum ersten Mal eine Decke auf den Rücken gelegt wurde.

Der Winter war kalt und lang. Zum Ende des Winters magerten die Pferde wieder erschreckend ab, aber Mary wusste nun, dass dies zum Leben dazugehörte. Die Menschen magerten ja auch ab. Ein Großvater und eine Großmutter starben in diesem Winter, und Mary stand traurig daneben, als sie auf einem schwankenden Gerüst bestattet wurden. „Sie hatten ein gutes Leben", hatte Mutter gesagt. „Und nun wurde es Zeit, dass sie zu den Sternen gehen."

Gefährliche Begegnung

Der Winter neigte sich dem Ende zu und alle sehnten sich nach dem Frühling. Die Herzen strömten über vor Freude, als die ersten Zugvögel als Vorboten des Frühlings eintrafen. Noch hielt der Winter alles in seiner eisigen Umklammerung, aber manchmal gelang es den Sonnenstrahlen bereits, das erste Eis an den Flussufern zu tauen.

Mary liebte es, am Flussufer zu stehen und in das funkelte Wasser zu blicken, das zwischen dem Eis dahinfloss. Noch war alles erstarrt, aber das fließende Wasser verriet ihr, dass bald die ersten Knospen an den Büschen und Bäumen zu sehen sein würden. Vögel zwitscherten bereits in den Ästen und bauten ihre Nester. Das Gras würde am schnellsten grün werden, dachte Mary zufrieden. Und dann hätten die Pferde genug zu fressen. Grünes Gras bedeutete Überleben, nicht nur für die Pferde.

Und dann siegte die Sonne über den Winter und plötzlich taute es überall. Der Fluss verwandelte sich in einen reißenden Strom, als das Schmelzwasser der Berge ins Tal strömte. Manchmal trieben tote Tiere darin, die den Winter nicht überlebt hatten.

Die Lakota verlegten das Dorf auf einen höher gelegenen Platz, denn sie fürchteten nicht zu unrecht, dass das Flussufer oder das ganze Tal überflutet werden könnte. Mary war ganz froh, dass sie das Dorf verlegten, denn inzwischen musste sie weite Wege zurücklegen, um noch Feuerholz zu finden. Außerdem hatten die Pferde alles abgegrast, teilweise sogar die Zweige der Büsche abgefressen, sodass an anderen Stellen das Gras bestimmt schneller wachsen würde.

Sie machten nur eine Tagesreise, weil die Schleppgerüste in dem weichen Boden nur schlecht vorankamen, dann schlugen sie das Dorf wieder auf.

Sie lagerten immer noch am gleichen Fluss, nur ein Stück stromaufwärts und hier lag nun alles frisch und unberührt vor ihnen.
Zwischen den Bäumen stand noch das verdorrte Gras vom Vor-
jahr und die Pferde stürzten sich hungrig darauf. An einigen geschützten Stellen wuchs bereits das erste grüne Gras. Ein grü-
ner Schimmer in den Zweigen verriet, dass auch die Blätter bald
wachsen würden. Die Luft war würzig und frisch.

Die Lakota hatten ihr Dorf auf einem Hügel errichtet und Mary
starrte staunend auf den Fluss, der sich schäumend und gurgelnd
durch das Tal ergoss. Er hatte fast die Breite des gesamten Tales
eingenommen und riss alles mit, was sich ihm in den Weg stellte.
Die Pflaumen und Kirschbäume waren umspült und Treibholz
verhakte sich an den Stämmen.
Manchmal wurden auch Nester von Vögeln mitgerissen, die zu
nah am Ufer gebrütet hatten. Die Kinder rannten ihnen hinterher und versuchten, die Eier zu bergen. Nichts war köstlicher als
frische Eier! Auch Mary versuchte ihr Bestes. Wenn sie ein Nest
fand, das im Wasser trieb, dann rannte sie nebenher und wartete
darauf, dass es sich irgendwo verfing.
Dann kletterte sie über Stämme und Äste, um an die begehrte
Beute heranzukommen. Es war eine Kunst, die Eier zu bergen,
ohne selbst nass zu werden.
Mary wusste, wie lange es dauerte, bis Mokassins trockneten,
und so viele Paare hatte sie nicht, die sie wechseln konnte.
Manchmal hatte Mary schon fast vergessen, dass es eine Zeit
gab, wo sie nicht mit den Indianern gelebt hatte. Alles ging ihr
leicht von der Hand und sie kannte ihre Aufgaben.

Das Wasser war zu schlammig und schmutzig, um es zu trinken
und so liefen die Mädchen zur Quelle eines Bachs, um Wasser
zu schöpfen. Es war ein Stück durch die Kiefern hindurch, auf

der anderen Seite des Hügels. Der Bach führte kein Hochwasser und hier war das Wasser klar und frisch. Am Morgen kamen die Menschen auch hierher, um sich zu waschen. Wieder hatten die Frauen und Mädchen ihren zugewiesenen Platz und die Männer fanden ihren Badeplatz ein gutes Stück abseits.

Am Morgen war Mary früh auf. Sie rannte erst zu ihren Ponys, um sie zu streicheln, und traf dort Leiser Wind, der zusammen mit anderen Jugendlichen Wache gehalten hatte. Er hockte in eine Decke gehüllt auf seinem Pferd und schien geschlafen zu haben. Jedenfalls riss er überrascht die Augen auf, als Mary plötzlich vor ihm stand. Dann winkte er lässig mit der Hand und tat so, als wäre alles in Ordnung. Von den anderen Wächtern war nirgends etwas zu sehen.

Mary klopfte Tupfen und Witschachpi den Hals, dann lief sie durch den kleinen Wald zum Badeplatz der Frauen. Manchmal hätte sie sich ganz gerne gedrückt, aber sie wusste, dass Iná das nicht gutheißen würde.

Sie kniete sich an das Wasser und spritzte sich das Gesicht nass. Ob das wohl reichte? Manchmal hatte sie einfach keine Lust, ihr Kleid auszuziehen und in das eisige Wasser zu steigen.

Dann drückte ihr jemand den Mund zu und ein starker Arm riss sie in die Höhe. Sie wollte kreischen, aber die Hand presste so fest zu, dass sie keinen Ton hervorbrachte. „Hab keine Angst!", flüsterte eine Stimme in englischer Sprache.

Mary hing ganz schlapp in den Armen des Unbekannten und hoffte, dass er sie wieder losließ. Was wollte dieser Fremde von ihr? Wer war es überhaupt. Zum ersten Mal seit langer Zeit hatte jemand in englische Sprache zu ihr gesprochen und es war irgendwie merkwürdig. Die Stimme klang jung und sie hatte das Gefühl, dass dieser Unbekannte nichts Böses von ihr wollte. Trotzdem hatte sie Angst. Wo wurde sie hingebracht? Sie wollte hier nicht weg!

Sie wurde den Hügel hinuntergestoßen, fast getragen, und immer noch ließ der Unbekannte ihren Mund nicht los. Marys Herz raste vor Angst, aber mehr, weil sie nicht genügend Luft bekam. Warum ließ der Fremde nicht endlich ihren Mund los? Dann erreichten sie ein Pferd, das der Fremde hier festgebunden hatte, und der Griff um Mary wurde lockerer. Zum ersten Mal sah sie ihren Entführer. Es war ein Indianer, ein Feind! Er trug warme Kleidung, eine Pelzmütze, unter der zwei Zöpfe hervorlugten, und eine blaue Armeehose. Außerdem hatte er Soldatenstiefel an. Es sah seltsam aus! Und er war jung. Vielleicht so alt wie Wambli.

„Du bist ein weißes Mädchen", sagte der Indianer und versuchte sie mit einem Lächeln zu beruhigen. „Ich werde dich nach Hause bringen."

Mary schüttelte den Kopf. Noch glaubte sie, dass sie diesen Irrtum aufklären konnte. „Ich bin hier zuhause!", erklärte sie. Die Worte kamen ungewohnt aus ihrem Mund, stockend, denn sie hatte die Sprache lange nicht mehr gesprochen.

Der Indianer starrte sie böse an. „Du bist ein weißes Mädchen! Ich bringe dich zurück!"

„Nein, bitte nicht", flehte Mary verzweifelt. Panik stieg in ihr auf, denn sie wollte nicht mit diesem Fremden mitgehen. Er stank und sah ungepflegt aus, als hätte er sich seit Tagen nicht mehr gewaschen. Niemals! Sie wollte bei ihrer indianischen Familie bleiben. Sie setzte an, um möglichst laut zu schreien, doch der Indianer packte sie grob und hielt ihr wieder den Mund zu. „Wenn du schreist, dann werde ich dich fesseln und den Mund zubinden!", zischte er warnend.

Mary schwitzte plötzlich vor Angst. Dieser Mann war gefährlich! Seine braunen Augen hatten sich zu schmalen Schlitzen zusammengezogen und sein Gesicht wirkte unnahbar, als könnte er ihr wirklich etwas antun. Sie nickte und hoffte, dass er wieder freundlicher wurde. Wenn er so wütend war, hatte sie entsetzliche Angst vor ihm.

Sie wurde auf das Pferd gehoben und der Indianer schwang sich hinter sie. Dann ritt er langsam zwischen den Bäumen dahin und suchte das Ufer des Flusses. Ohne zu zögern trieb er das Pferd in die reißende Strömung.

Mary wusste nicht, was ihr mehr Angst machte. Der Indianer oder der gefährliche Fluss. Das Wasser ging ihr bis zum Bauch, und kurz musste das Pferd sogar schwimmen. Kräftig paddelte es mit seinen Beinen, reckte seinen Kopf aus dem Wasser und schnaubte empört. Der Indianer ließ sich vom Pferd gleiten und schwamm daneben. Dann hatte das Pferd wieder Boden unter den Füßen und mit hektischen Schritten strebte es dem Ufer auf der anderen Seite zu.

Mary war klatschnass. Ihre Zähne klapperten und sie wünschte sich in das warme Zelt ihrer Eltern zurück. Sie wollte rufen und schreien, aber über das Tosen des Wassers hinweg wäre der Versuch sinnlos. Der Mann war ebenfalls nass, aber das schien ihn nicht zu stören. Er zog das Pferd am Zügel hinter sich her und beeilte sich, außer Sichtweite zu kommen. Am anderen Ufer rührte sich nichts und schließlich verschwand der Mann mit seiner Beute hinter einigen Felsen.

Etwas beruhigter blickte der Mann auf seine Gefangene. Dann stieg er hinter Mary auf und trieb das Pferd zu einer schnelleren Gangart an. Seine nassen Sachen klatschten gegen den Bauch des Pferdes und durch ihr nasses Kleid konnte Mary fühlen, dass auch der Mann vor Kälte zitterte. Geschieht ihm Recht, dachte Mary schadenfroh.

Manchmal versuchte sie nach hinten zu sehen und sie hoffte, dass Inyan-ska und Taschunka withko sie suchen würden. Bestimmt würden sie nach ihr suchen! Bestimmt.

Nach einiger Zeit parierte der Mann das Pferd und stieg ab. Mary blieb unschlüssig sitzen und wartete ab, was sie tun sollte. Sie fror erbärmlich. Der Mann aber zog seine nassen Sachen aus, dann griff er nach einem Beutel, der unter einem Busch versteckt gelegen hatte und zog frische Kleidung heraus. In Windeseile hatte er die trockenen Sachen angezogen und drehte sich triumphierend zu Mary um. „Sie werden uns nie über den Fluss folgen", lächelte er.

Mary zitterte vor Kälte. Schließlich reichte ihr der Mann eine Decke. „Hier!", meinte er großzügig. „Ich will nicht, dass du krank wirst."

Wortlos hüllte sich Mary in die Decke und starrte ihn dann wieder an. Wieso raubte dieser Indianer ein kleines Mädchen? Sie wollte doch gar nicht weg! Jetzt schien er nicht mehr gefährlich zu sein. Er schien eher amüsiert zu sein. Offensichtlich machte ihm dieses Abenteuer Spaß.

„Mein Vater gibt dir Ponys, wenn du mich zurückbringst", versuchte Mary ihn zu überzeugen. Der Indianer kicherte lässig. „Dein Vater würde mich töten, wenn er mich kriegt. Nein, ich bringe dich zu den Soldaten. Dort bekomme ich auch Ponys, wenn ich dich zurückbringe."

Mary sagte nichts mehr. Der Indianer hatte sie geraubt, weil er eine Belohnung erhalten würde, wenn er sie zu den Weißen brachte. „Ich habe gar keine Eltern mehr", erklärte sie bockig.

Die Augen des jungen Mannes verdunkelten sich etwas, dann lächelte er freundlich. „Du lügst!", meinte er.

Mary schüttelte empört den Kopf. „Ich lüge nicht!", beteuerte sie.

„Das macht nichts!" Der Indianer zuckte die Schultern. „Die Weißen geben immer Ponys oder Gewehre, wenn man Gefangene zurückbringt."

„Ich bin keine Gefangene!", behauptete Mary mit fester Stimme.

„Du redest zu viel!", stellte der Indianer fest. „Wie ein weißes Mädchen. Die weißen Soldaten werden entscheiden, was sie mit dir machen. Jetzt sei still!"

„Und ich werde sagen, dass du mich einfach geraubt hast …!" Mary verstummte plötzlich, als sie den warnenden Blick des Indianers sah. Ein Blitzen in den schwarzen Augen hatte ihr gesagt, dass es besser war, ihn nicht weiter zu reizen.

Wortlos setzte sich der Indianer hinter sie in den Sattel und trieb das Pferd an. Mary wickelte die Decke fest um sich und hoffte, dass die feuchte Kleidung schnell trocknete. Sie fand es gemein, dass der Mann an trockene Kleidung für sich, aber nicht für sie gedacht hatte. Am schlimmsten war jedoch die Kälte in ihrem Herzen. Dieser Mann brachte sie zu den Soldaten! Wie würde es dort sein? Für sie waren Soldaten etwas Schlechtes. Iná und Inyan-ska hatten nicht gut über die Soldaten gesprochen. Sie wollten immer nur Krieg! Und bestimmt hatten sie keine Zeit für ein kleines weißes Mädchen. Sie spürte die Einsamkeit fast körperlich und unterdrückte mühsam die Tränen.

Stundenlang ritten die beiden dahin und mehrmals wechselte der Indianer dabei die Richtung. Einmal durchquerten sie einen weiteren Fluss, dessen Wasser zum Glück nur bis zu den Steigbügeln ging. Der Indianer ließ das Pferd eine Weile im Wasser laufen, ehe er umdrehte und dann den Fluss an ganz anderer Stelle verließ. Selbst Mary erkannte, dass der Indianer seine Spuren verwischte. „Taschunka withko wird dich trotzdem erwischen", zischte sie böse.

Der Indianer zuckte sichtlich zusammen, als er diesen Namen hörte, dann grinste er frech. „Vielleicht kann Taschunka withko ja schwimmen wie ein Fisch!"

„Nein, aber er kann fliegen wie ein Adler!", antwortete Mary schlagfertig.

„Hohch!", schimpfte der Fremde und es klang fast so wie bei den Lakota.

„Wie heißt du eigentlich?", wollte Mary wissen.

„Das geht dich nichts an!", wies der Indianer sie unhöflich ab. „Ein Mädchen sollte nicht so viele Fragen stellen."

Mary musste plötzlich niesen und dabei schüttelte es sie so, dass das Pferd einen Satz machte. Der Indianer tastete mit der Hand unter ihre Decke und stellte fest, dass das Kleid immer noch feucht war. „Wir machen besser eine Pause und trocknen deine Kleidung", meinte er fürsorglich.

Mary verstand die Welt nicht mehr. Gerade eben wollte er ihr noch nicht einmal seinen Namen sagen und nun sorgte er sich um ihre Kleidung. Manchmal waren Indianer schon sehr merkwürdig.

Aber sie fror tatsächlich und so hoffte sie, dass er vielleicht ein Feuer zum Wärmen machte.

Der Indianer brach tatsächlich einige trockene Äste von den Bäumen und schichtete sie zu einem Stoß auf. Dann entzündete er ein Feuer. „Zieh die nassen Sachen aus und häng sie hier rüber!", meinte er freundlich.

Mary versteckte sich unter der Decke und schlüpfte aus dem feuchten Lederkleid. Am schlimmsten hatte es ihre Füße und Beine erwischt. Die Haut war hier fast blau vor Kälte und sie hatte kein Gefühl mehr in ihren Zehen. Sie streckte ihre Beine zum Feuer und fühlte die angenehme Wärme. Der Indianer steckte die Mokassins auf zwei Stecken und hängte sie so über das Feuer, als wollte er Fische braten. Es sah lustig aus. Dann legte er das Kleid und die Leggins daneben. Aus den Satteltaschen zog er etwas zu essen und bot auch Mary etwas davon an.

„Ich heiße John", erzählte er nebenbei.

„John?", fragte Mary verwundert. „Das ist aber kein indianischer Name."

„Nein, aber die Soldaten haben mir diesen Namen gegeben. Ich kundschafte für sie."

„Und wie hast du mich gefunden?", fragte Mary interessiert.

John lächelte und machte eine abfällige Handbewegung. „Ich habe dich nicht gefunden. Ich sah dich nur zufällig, als ich euer Dorf ausgekundschaftet habe. Und dann habe ich beschlossen, dass ich dich mitnehme. Das ist alles."

„Und wieso hast du unser Dorf ausgekundschaftet?"

Der junge Mann schüttelte den Kopf. „Fragen über Fragen. Hat dir noch niemand gesagt, dass du nicht so neugierig sein sollst?"

„Nein!", log Mary frech.

John stocherte kurz in der Glut, doch dann antwortete er auf ihre Frage: „Die Weißen fürchten Taschunka withko. Sie wollen wissen, was er vorhat."

„Wenn ihr ihn in Ruhe lassen würdet, würde er gar nichts tun!", erklärte Mary bissig.

Der Mann lachte ungläubig und tippte Mary in den Bauch. „Und du, freches Mädchen, wie heißt du?"

„Taschunka-gleschka-win", antwortete Mary.

„Nein, dein wahrer Name. Der Name, den du bei den Weißen hattest."

„Mary." Es klang seltsam fremd. Als würde der Name gar nicht mehr zu ihr passen.

Fast freundlich strich John über ihre Haare. „Mary! Du brauchst mich nicht zu fürchten. Ich bringe dich zurück und solange sind wir Freunde, okay?" Es war ein Friedensangebot.

„Na schön!", willigte Mary schließlich ein. Aber wenn sie mich finden, dann ist der Frieden vorbei, dachte sie patzig.

Sie wackelte mit ihren Zehen und hoffte darauf, dass Inyan-ska, Wambli, Taschunka withko und all die anderen sie bald einholen würden.

Doch die anderen kamen nicht. Vielleicht hatte John die Spuren zu gut verwischt, vielleicht war den anderen ihre Abwesenheit erst viel zu spät aufgefallen oder sie hatten es nicht gewagt, den reißenden Strom zu überqueren. Mary wusste es nicht. Tagelang ritt sie mit John nach Süden und ihre Hoffnung schwand.

John kümmerte sich um sie, aber er kehrte nicht um, selbst als Mary anfing zu weinen und ihn bat, sie wieder zu ihren Eltern zurückzubringen. Und dann wurde Mary klar, dass es kein Zurück mehr gab. Sie würde Iná und Inyan-ska nie mehr wieder sehen und sie würde Tupfen und Witschachpi nie wieder sehen. Ihr Herz zog sich zusammen und sie wurde still vor Trauer.

Tupfen war doch das Letzte, was ihr geblieben war und nun hatte sie auch das verloren.

„Meine Ponys sind noch bei den Lakota", sagte sie tonlos.

„Was?", fragte John irritiert.

„Meine Ponys." Mary war so durcheinander, dass sie nichts mehr sagen konnte. Welchen Sinn hatte ihr Leben jetzt noch?

Fort Laramie

Im gleichmäßigem Tempo ritt John nach Süden. Dabei fiel Mary eine unangenehme Eigenheit auf, denn John wusch sich nie.

„Du stinkst!", stellte sie eines Tages fest.

John zuckte mit den Schultern und funkelte sie unfreundlich an.

„Du siehst auch nicht gerade ordentlich aus!"

Mary schob beleidigt die Lippen vor. „Daran bist du schuld! Die Lakota waschen sich jeden Tag und meine Mutter hat mir stets die Haare gekämmt."

„Sei still", meinte John ungerührt. „Du redest zu viel."

„Und du stinkst zu viel!", erwiderte Mary patzig.

Sie hasste es, vor ihm im Sattel zu sitzen.

„Wir sind fast da, dann kannst du ja ein Bad nehmen", schlug John vor. Es klang fast wie eine Entschuldigung. „Das mache ich auch, aber weit entfernt von dir, das kannst du mir glauben!", erklärte Mary.

Der junge Indianer lachte gut gelaunt. „Du bist ganz schön frech!"

„Woher kannst du eigentlich so gut unsere Sprache?", fragte Mary.

„Hohch …", erklang es zögernd. „Eigentlich geht dich das nichts an."

„Eigentlich nicht", bestätigte Mary, dann kicherte sie, „aber du kannst es mir ja trotzdem erzählen."

„Na schön", willigte John schließlich ein. „Meine Mutter war vom Volk der Ponca und mein Vater war ein weißer Mann. Daher spreche ich deine Sprache."

„Und wo sind deine Eltern jetzt? Sie finden es ganz bestimmt nicht gut, wenn du kleine Mädchen raubst."

Johns Stimme bekam einen rauen Unterton. „Ich raube keine kleinen Mädchen, ich bringe sie zurück!" Er machte eine Pause, dann meinte er: „Meine Eltern starben schon vor langer Zeit. Ich ging zu den Soldaten. Ich habe für sie gearbeitet und mir so mein Brot verdient."

„Aber da warst du doch noch ein Kind?", wunderte sich Mary.

„Ich war ein Waisenkind. Und ich bin ein Mischling. Die Weißen mögen so etwas nicht. Niemand wollte mich haben, nur die Soldaten. Ich habe ihre Stiefel geputzt, Wasser geschleppt und mich um die Pferde gekümmert. Dafür habe ich Essen erhalten und ich durfte im Pferdestall schlafen."

„Ich bin auch ein Waisenkind. Vielleicht muss ich auch im Pferdestall schlafen. Du hättest mich bei den Lakota lassen sollen!"

Zum ersten Mal hatte Mary dieses hässliche Wort gehört. Waisenkind. Was würde nun mit ihr geschehen? Wer würde nun für sie sorgen? Traurig biss sie die Lippen aufeinander und dachte an Iná und Inyan-ska. Sie wollte kein Waisenkind sein! John war still und zum ersten Mal schien es ihm leid zu tun.

Dann lag das riesige Fort vor ihnen. Weiße Gebäude schimmerten in der Sonne, Pferdekoppeln umgaben das Gelände und überall herrschte ein Durcheinander an Menschen, Kindern, Soldaten und Tieren. Planwagen standen am Ufer eines Flusses und überall waren die Zelte der Siedler aufgebaut, die hier Rast machten, ehe sie Richtung Westen weiterzogen. In Mary zog sich alles zusammen. Dort hätte sie auch sein müssen! Mit ihren Eltern und ihrem Bruder. In der Ferne waren einige Indianerzelte zu sehen, aber Mary konnte ihren Blick nicht von den Planwagen abwenden. Fast schien es ihr, als würde dort irgendwo ihre Mutter auf sie warten. Mary blinzelte eine Träne weg, die ihr irgendwie in die Augen gestiegen war. Sie schluckte schwer und spürte einen dicken, dicken Kloß in ihrer Kehle.

John ritt schnurgerade auf die weißen Gebäude zu und überall blieben die Menschen stehen, um das weiße Kind anzugaffen, das vor ihm im Sattel saß. Ein weißes Mädchen in Indianerkleidung. „Mein Gott, die Arme!", hieß es dann.

Mary senkte den Blick und wäre am liebsten verschwunden. Ihr Herz klopfte und sie hatte Angst. Was würde nun geschehen?

John ritt zu einigen Soldaten und legte die Hand an die Stirn, um zu salutieren. „Scout John, mit Meldung an den Offizier, Sir. Ich war im Norden, um das Dorf von Taschunka withko auszukundschaften und habe dieses Kind dort aufgegriffen."

Der Soldat erwiderte den Gruß und griff nach dem Zügel des Pferdes. „Sehr gut! Lass dein Pferd hier und begib dich zum Wachhabenden. Er wird sich auch um das Kind kümmern."

„Jawohl!" John ließ sich vom Pferd gleiten und streckte seine Hände nach oben, um Mary herunterzuhelfen. Dann nahm er sie ganz fest an der Hand. „Keine Angst", flüsterte er. „Dir wird schon nichts passieren."

Mary erwiderte nichts. Sie hatte Angst. Überall standen Menschen, die sie neugierig anstarrten und es bildete sich eine Gasse, durch die sie hindurchgingen, als John sie ins Haus des wachhabenden Offiziers schleifte.

Mary war schon lange nicht mehr in einem Haus gewesen und sah sich vorsichtig um. Alles war ungewohnt und doch stiegen Erinnerungen in ihr hoch. Sie dachte an die Farm, auf der sie vor so langer Zeit gelebt hatte. Dort hatte es auch Fenster gegeben. Sie wurde zu einem Tisch geschoben, hinter dem ein Soldat in blauer Uniform saß. Er stand auf, als er Mary erblickte und hob fragend die Augenbrauen. „Hallo John, was ist denn das?"

Der junge Indianer lachte. Dann wiederholte er die Geschichte, wie er Mary gefunden hatte. Der Soldat nickte zufrieden und klopfte dem jungen Indianer auf die Schulter. „Gut gemacht! Das riecht nach einer Belohnung! Hol dir erst einmal was zu essen, dann meldest du dich beim Sergeanten. Er wird schon etwas Passendes für dich finden!"

Der Mann lächelte breit und wandte sich dann Mary zu. „Nun, kleine Dame, verstehst du mich?"

Mary nickte, dann griff sie nach Johns Hand, der eben den Raum verlassen wollte. Er war doch der Einzige, den sie hier kannte! Verlegen kniete sich der junge Indianer neben Mary und nahm ihre Hand. „Du bist jetzt in Sicherheit. Die Armee wird sich um dich kümmern."

„Und du?"

„Na, ich muss wieder meine Arbeit machen. Wahrscheinlich reite ich bald wieder los."

Der Soldat nahm Marys Hand und lächelte. „Keine Angst. Ich bringe dich erst einmal zu meiner Frau. Du bist ja vollkommen verdreckt. Wenn du ein frisches Kleid anhast und etwas gegessen hast, dann unterhalten wir uns, okay?"

Mary nickte stumm. Sie hatte ja auch keine andere Wahl.

„Wie heißt du denn?", fragte der Soldat freundlich.

„Mary."

„Das ist aber ein schöner Name!"

Wieder nickte Mary, aber eigentlich fand sie Taschunka-gleschka-win viel schöner.

Der Soldat brachte sie zu einem weiteren Gebäude und ließ sie eintreten. Hier war offensichtlich das Wohnhaus, denn Mary sah Teppiche auf den Fußböden und Bilder hingen an den Wänden. Eine hübsche Frau, mit einer weißen Schürze über ihrem langen Kleid, trat ihnen entgegen. Entgeistert starrte sie auf das Kind, das in schmutziger indianischer Kleidung vor ihr stand. „Du meine Güte!", entfuhr es ihr.

„Elisabeth", lächelte der Soldat, „das ist Mary. Unser John hat sie in einem Indianerdorf gefunden und zurückgebracht. Ich glaube, sie könnte ein Bad und neue Kleidung gebrauchen. Und ein Essen könnte auch nicht schaden. Kannst du das übernehmen?"

„Aber natürlich!", lächelte die Frau. Freundlich trat sie zu Mary und reichte ihr die Hand. „Komm mal mit in die Küche. Vielleicht möchtest du erst etwas essen, bis ich das Badewasser heiß habe?"

Mary nickte. Hier schienen alle nett zu sein und sie hatte keine Angst mehr. Sie setzte sich auf einen Stuhl und wartete auf das Essen, das die Frau ihr reichen wollte. Es war Brot mit Marmelade und Mary lief das Wasser im Mund zusammen. So etwas Leckeres hatte sie schon lange nicht mehr gegessen. Der Mann hatte den Raum verlassen und Mary fühlte sich besser. Sie wollte keine neugierigen Fragen mehr beantworten. Vielleicht war sie es auch nicht mehr gewohnt. Indianer stellten keine neugierigen Fragen.

Mit vollem Mund kaute sie, während ihre Augen durch den Raum wanderten. Komisch, dachte sie. Wie bei Mama! Alles schien ihr so vertraut und doch so ungewohnt. Eine Ewigkeit war das her! Sie hatte vergessen, wie windstill es in einem Haus wa. Als würde man die Geräusche und das Leben draußen lassen. Im Zelt hörte und fühlte man immer den Wind und die Stimmen der Tiere und das Flüstern des Grases und der Blätter begleiteten einen in den Schlaf. Sie saß am Küchentisch und überall an den Wänden waren Regale mit Töpfen, Pfannen, und anderen Küchengeräten. An der Wand stand ein kleiner Ofen, auf dem nun ein Kessel mit Wasser erhitzt wurde. Die Frau drehte sich um und maß Mary mit einem prüfenden Blick. „Wie alt bist du denn?", fragte sie.

Mary dachte nach. Den letzten Geburtstag hatte sie mit ihren Eltern gefeiert. Da war sie zehn gewesen. Aber sie hatte ja einige Zeit mit den Indianern gelebt. „Vielleicht elf oder zwölf Winter", meinte sie. Immer noch fiel es ihr schwer, sich in Englisch auszudrücken. Die Frau lächelte über diese Bemerkung, dann lief sie aus der Küche.

Mary blieb sitzen und ließ ihren Blick durch das Zimmer wandern. Das Haus schien geräumig zu sein. Sie konnte von der Küche in das Wohnzimmer blicken, das gemütlich mit einem Sofa und einem Sessel eingerichtet war. In einer Ecke stand ein Schrank mit Büchern und auf dem kleinen Tisch lag eine Stickarbeit. Die Frau kam zurück und hielt ein blaues Kleid in ihren Händen. „Das müsste dir eigentlich passen", meinte sie.

Sie zog eine eiserne Wanne unter einem Regal hervor und füllte sie mit einem Eimer Wasser. Dann rief sie nach einem Soldaten und drückte ihm zwei Kübel in die Hand. „Holen Sie mir bitte frisches Wasser vom Fluss", befahl sie streng. „Ja, M'am!", antwortete der Soldat und verschwand.

Mary staunte. Die Dame hatte sogar einen Diener, der ihr das Wasser holte. Sie sah zu, wie Elisabeth das heiße Wasser in die Wanne goss und die Temperatur überprüfte. Dann stellte die Frau einen weiteren Kessel auf den Herd. „Nun komm!", sagte sie freundlich.

Mary sprang auf und schlüpfte aus ihrem Kleid. Mit spitzen Händen hob die Frau es an, dann öffnete sie die Klappe des Ofens und steckte es ins Feuer.

Mary war vollkommen entsetzt. „Nicht!", schrie sie. Irritiert drehte die Frau sich zu ihr um, aber der Schaden war bereits geschehen. Die Flammen hatten das Kleid erfasst und wortlos sah Mary zu, wie es verbrannte. Wut stieg in ihr hoch, aber auch Trauer. Es entsetzte sie, mit welcher Selbstverständlichkeit über sie bestimmt wurde.

„Du bekommst doch ein neues Kleid", versuchte Elisabeth sie zu trösten. Wieder konnte Mary nur nicken. Sie wollte doch gar kein anderes Kleid. „Aber mein Messer kann ich behalten, ja?", fragte sie verzweifelt. Nichts würde ihr bleiben! Nichts!

„Aber wozu brauchst du denn ein Messer?", wunderte sich die Frau.

„Na, für die Klapperschlangen!"

Die Frau lachte laut und schüttelte ihren Kopf. „Hier gibt es doch gar keine Klapperschlangen!"

„Trotzdem!" Mary hob bittend den Kopf.

„Na schön", willigte die Dame schließlich ein. „Im Moment kannst du es ja noch behalten." Sie machte eine auffordernde Geste und zeigte auf das Badewasser. Mary stieg hinein und kniete sich in die kleine Wanne. Es war schön, in warmem Wasser zu baden. Die Frau reichte ihr Seife und Mary roch daran. Hmh! Es duftete nach Rosen und Lavendel.

Vorsichtig öffnete Elisabeth die Zöpfe und goss etwas Wasser darauf. Dann schnupperte sie an dem Haar. „Was stinkt denn hier so?", fragte sie erstaunt.

„Fett", antwortete Mary. „Meine Mutter hat mir jeden Morgen die Haare gekämmt und mit Fett eingerieben."

„Das ist ja furchtbar!", hauchte Elisabeth ehrlich entsetzt. „Man kann doch kein Fett in die Haare schmieren!"

„Doch, dann sind sie schön glatt und lassen sich leichter kämmen. Außerdem schützt es vor der Kälte."

„So ein Unsinn!" Zum ersten Mal klang die Dame gereizt. Ihre Hände rubbelten in Marys Haaren, dann nahm sie das warme Wasser und wusch die Seife aus dem Haar. Mary kniff die Augen zusammen, denn sie wusste noch genau, wie sehr es in den Augen brannte, wenn Seife hineinkam. Dann kletterte Mary aus der Wanne und hüllte sich in ein raues Handtuch. Sie wurde trocken gerubbelt und ihre nassen Haare in ein weiteres Handtuch gehüllt. Dann saß sie neben dem Ofen und Elisabeth begann, ihre langen Locken zu entwirren. Es ziepte und tat weh.

„Siehst du, mit Fett geht es besser", meinte Mary altklug.

„Sei still!", schimpfte die Frau. „Wir schmieren uns kein Fett in

die Haare wie diese Wilden. Das ist ekelhaft und unzivilisiert!"
Mary senkte den Kopf und schwieg. Wieso redete diese Frau so
schlecht über die Indianer? Mary wollte Iná und Inyan-ska verteidigen, doch sie hatte das Gefühl, dass ihre Worte das Herz
dieser Frau nicht erreichen würden.

Es dauerte eine ganze Weile, dann hatte Elisabeth die Haare gekämmt, getrocknet und einen schönen Zopf geflochten. Mary
zog das neue Kleid an und probierte die Schuhe, die ihr die Frau
hinstellte. Sie hätte gern die bequemen Mokassins angezogen,
doch es wurde ihr verboten. Sie konnte nicht verhindern, dass
auch die Mokassins zusammen mit den Leggins im Feuer verschwanden. Nur den Gürtel mit dem Messer durfte Mary behalten, obwohl die Frau missbilligend die Stirn verzog, als Mary
ihn um das schöne Kleid legte. „Das passt doch gar nicht!", beschwerte sie sich.

Mary biss trotzig die Lippen zusammen. Dann durfte sie in den
Spiegel schauen und starrte verwundert auf das sonnenverbrannte Mädchen mit den blauen Augen, das ihr entgegenblickte. Das sollte sie sein? Sie war gewachsen und das Leben bei den
Indianern hatte Spuren hinterlassen. Sie war gereift, und man
konnte sehen, dass sie fast den ganzen Tag in der Natur unterwegs war. „Mädchen müssen ihr Gesicht vor der Sonne schützen!", wurde sie erneut getadelt.

„Ich hatte meine Haube verloren", entschuldigte sich Mary.
Aber eigentlich gab es nichts, für das sie sich entschuldigen
musste.

„Natürlich, mein Kind! Warte einen Augenblick!" Elisabeth lief
aus der Küche und kam mit einer Haube mit blauen Bändern
zurück. „Hier, die schenke ich dir!", erklärte sie freundlich und
dann band sie Mary die Haube auf den Kopf. Sie hatte einen
Schirm, der das Gesicht vor der Sonne schützte. Es war eine
Haube, wie Mutter sie immer aufgehabt hatte.

Missis Jennings

Elisabeth führte Mary durch das Fort zu einem weiteren Gebäude. Hier standen einige Soldaten an einem Tisch, auf dem eine Landkarte ausgebreitet war. Sie diskutierten und redeten durcheinander, dann verstummten die Stimmen, als die Soldaten die Frau und das Mädchen bemerkten. Ein Soldat mit eindrucksvoller Uniform kam auf sie zu. „Ah, unser Findelkind!", grüßte er Mary freundlich. „Jetzt siehst du ja wieder wie ein Mensch aus!" Geschäftig schrieb er eine Notiz auf einen Zettel und gab ihn Elisabeth. „Hier, für Ihre Aufwendungen. Danke, dass sie das Kind eingekleidet haben."

Die Dame machte einen kleinen Knicks und verabschiedete sich. Dann verließ sie das Zimmer. Mary wollte ihr folgen, doch der Soldat hielt sie an der Hand fest. „Nein, nein, bleib mal hier. Ich habe einige Fragen an dich und dann bringt man dich zu Missis Jennings."

„Wer ist denn Missis Jennings?", wagte Mary zu fragen.

„Sie kümmert sich im Auftrag der Regierung um die Waisenkinder, bis entschieden wird, wohin sie gebracht werden. Du bist doch Waisenkind, nicht wahr?" Die Augen des Mannes ruhten voller Mitleid auf ihr.

Mary biss die Lippen zusammen und nickte. Wo sollte sie denn hingebracht werden? „Bleibe ich denn nicht hier?"

Der Soldat lachte. „Aber nein, hier ist ein Fort. Wir werden bald gegen die Indianer kämpfen und dann ist hier kein Platz für Kinder. Du wirst entweder nach Denver oder nach Fort Leavenworth gebracht, je nachdem, wohin zuerst ein Versorgungszug unterwegs ist."

Mary konnte mit diesen Orten nichts anfangen. Aber es klang, als wären sie weit fort, und dann würde sie ihre indianischen Eltern und Ponys nie wieder sehen. Ihr war in der Gegenwart der

Soldaten beklommen zumute. Alles sah danach aus, als würden sie bald gegen die Indianer ins Feld ziehen. Karten lagen umher und manche Stellen waren mit roten Kreisen markiert. Es roch nach Gefahr und Krieg und sie fürchtete um Iná und Inyan-ska.

„Nun erzähl doch mal, was passiert ist. Haben die Indianer euren Wagenzug überfallen?", wollte der Soldat wissen.

Mary schüttelte den Kopf. „Nein, wir wurden zurückgelassen, weil wir krank waren. Irgendwann war ich allein und machte mich auf den Weg, die anderen einzuholen."

Der Soldat war einigermaßen schockiert. „Du wurdest zurückgelassen? Von Weißen?"

Mary nickte nur. Das war alles schon so lange her.

„Und wie kamst du zu den Indianern?"

„Ich hatte mich verlaufen und sie haben mich gefunden", erklärte sie leise.

„Wer?", wollte der Soldat wissen.

„Inyan-ska und Wambli."

„Und dann haben sie dich einfach mitgenommen?", fragte der Soldat verwundert.

„Ja!"

„Waren die beiden allein unterwegs, als sie dich gefunden haben?"

„Ja!", antwortete Mary kurz angebunden. Sie hasste es, so ausgefragt zu werden.

„Hatten sie Beute mit oder kamen sie von einem Kriegszug zurück?"

Mary mochte diese Fragen nicht. Alles, an was diese Weißen dachten, war Krieg. Sie schüttelte den Kopf und senkte bockig den Blick. „Nein!", sagte sie mit fester Stimme.

„So, was haben sie dann dort gemacht?", wunderte sich der Soldat. Er schien ihr kein Wort zu glauben.

„Sie kamen von einer langen Reise zurück", antwortete Mary

wahrheitsgemäß. Längst hatte sie die Geschichte von ihrem indianischen Vater gehört.

„Von einer Reise?" Die Stimme des Soldaten wurde unangenehm.

„Ja, sie waren in Mni Schota, dort wo das Blut der Büffel sich mit der Erde vereint hat. Mein Vater ist ein heiliger Mann und hat dort Pfeifenstein geholt. Er macht schöne Pfeifen!", fügte sie hinzu. Ja, Inyan-ska war ein heiliger Mann und er war sehr angesehen.

„Willst du behaupten, dass dieser Indianer bis nach Minnesota geritten ist, nur um Pfeifenstein zu holen? Da wäre er ja wochenlang unterwegs gewesen!"

„Das hat mein Vater gesagt", wiederholte Mary.

„Dein Vater!", spottete der Soldat, dann drückte er Mary kurz an der Schulter. „Armes Kind", murmelte er. „Du bist ja völlig verwirrt." Er bückte sich über den Tisch und schrieb einen weiteren Zettel, dann rief er nach dem Ordonanzoffizier. „Bringen Sie das Kind zu Missis Jennings. Hier sind die Bezüge für Lebensmittel und Kleidung. Sie soll sich um das Kind kümmern, bis wir entschieden haben, wohin es gebracht wird. In Denver ist ein neues Waisenhaus. Wahrscheinlich schicken wir sie und die anderen Kinder mit dem nächsten Transport dorthin. Wegtreten!" Der Soldat salutierte und nahm Mary an der Hand.

„Komm!", befahl er.

Mary folgte ihm benommen und fühlte wieder die eiserne Klammer um ihr Herz. Sie wurde hin und her geschoben, wie ein Stück Vieh und sie merkte, dass eigentlich niemand sie haben wollte. Sie hatte Angst. Auch Missis Jennings wäre nur ein vorübergehendes Zuhause. Waisenhaus. Das würde ihre Zukunft sein. Sie dachte an Iná und Inyan-ska und ihr Herz wurde schwer. Dort war ihr Zuhause! Und dort warteten Tupfen und Witschachpi.

Der Soldat ging mit großen Schritten zu einer Hütte, die in der Nähe des Flusses stand. Mary musste fast rennen, um mit ihm mitzukommen. Wahrscheinlich will er mich schnell los sein, dachte sie.

Eine ältere Frau trat aus der Hütte und blickte ihnen entgegen. Ihre Augen waren hart und unfreundlich. „Wieder so ein Gör!", nuschelte sie. Sie wirkte ungepflegt und schmutzig. Der Soldat überreichte ihr die Papiere. „Hier, das ist Mary. Sie wurde von Indianern entführt und soll mit dem nächsten Transport nach Denver gebracht werden!"

„Ich hoffe, die anderen Gören auch!" Es klang nicht freundlich.

„Bestimmt, bestimmt!", antwortete der Soldat schnell. „Ich habe gehört, dass der Kommandant so etwas gesagt hat."

„Ah!", zischte die Frau böse. „Das sagt er immer, und dann habe ich die Bälger doch am Hals!" Sie stopfte die Papiere in ihre Schürze und musterte Mary mit durchdringendem Blick. „Wie alt bist du überhaupt?"

„Ich bin elf oder zwölf Jahre alt, M'am", antwortete Mary höflich. Dazu machte sie einen Knicks.

Missis Jennings lächelte etwas. „Nun, du scheinst besser erzogen zu sein als die anderen Kinder. Mach mir keine Scherereien, dann bekommst du auch keinen Ärger!"

„Nein, M'am!", beeilte sich Mary zu sagen. Längst stand ihre Entscheidung fest. Sie würde zu ihren neuen Eltern zurückkehren! Und zwar bald! Ehe sie nach Denver gebracht wurde.

Sie folgte der Dame in das Innere der Hütte und sah sich vorsichtig um. Überall lagen Strohsäcke auf dem Boden, auf denen schmutzige Kinder saßen. „Auf mit euch, ihr faules Pack!", schrie die Frau. „Macht euch an die Arbeit!"

Mary musterte die Kinder entsetzt. Es waren Jungen und Mädchen. Manche noch ganz klein, manche schon größer, aber alle waren ungepflegt und schmutzig. „Seht mal, welche Prinzessin wir hier haben!", kicherte Missis Jennigs. „Sie hat sogar eine Haube, wie eine echte Dame!"

Marys Hand krampfte sich in die Bänder der Haube, als müsste sie einen Schatz hüten. Hier gab es nichts, was sie behalten durfte. Das wusste sie genau.

Die Kinder kicherten, machten aber keine Anstalten aufzustehen. Wieder schrie die Frau sie wutentbrannt an: „Los, macht euch an die Arbeit!"

Erst jetzt kam Bewegung in die Kinder und alle rannten kreuz und quer durcheinander. Nur zwei kleine Kinder blieben sitzen und schauten mit großen Augen um sich. Eigentlich waren es noch Babys.

Mary wurde am Arm gepackt und zu einem Tisch gezogen. „Du musst hier für dein Essen arbeiten! Das bisschen, was ich vom Kommandanten bekomme, reicht nicht, um alle Mäuler zu stopfen. Los, du kannst Kartoffeln schälen. Ein Messer hast du ja!"

Die Frau kicherte meckernd und setzte sich in einen Schaukelstuhl. Sie setzte eine Flasche an die Lippen und nahm einen großen Schluck. Dann blickte sie sich zufrieden um, als alle Kinder mit irgendwelchen Arbeiten beschäftigt waren.

Die älteren Jungen hackten Holz, die Mädchen schrubbten den Boden oder standen am Tisch, um Kartoffeln zu schälen. Einige Mädchen nahmen einen großen Haufen Wäsche und machten sich auf den Weg zum Fluss, um die Wäsche zu waschen. Kleinere Jungen saßen in einer Ecke und polierten die Stiefel der Soldaten.

Mary wunderte sich, wie viele Kinder hier wohnten. Bestimmt zwanzig Säcke lagen auf dem Boden, die den Kindern als Betten dienten. Die Hütte hatte nur zwei Räume, doch der hintere war nur für Missis Jennings bestimmt. Hier bewahrte die Frau die Reichtümer auf, die sie mit den Kindern verdiente. Sie behielt das Geld, das sie für die Betreuung der Kinder erhielt und gab ihnen nur das Nötigste. Niemand meinte es gut mit Waisenkindern.

Mary starrte auf die Kartoffeln vor sich und schälte sie mit ihrem Messer. Nur leise wagten es die anderen Mädchen mit ihr zu flüstern. „Missis Jennings schlägt uns, wenn wir sie stören!", wisperten sie. „Sie ist gemein!"

Mary nickte und arbeitete leise vor sich hin. Sie würde hier nicht lange bleiben! Sie war kein Waisenkind. Sie hatte einen Vater und eine Mutter! Aber sie wusste auch, dass sie niemandem davon erzählen durfte. Es musste ihr Geheimnis bleiben. Eines der kleinen Mädchen weinte plötzlich und Mary bückte sich, um nach ihr zu sehen.

„Nicht", warnte sie ein anderes Mädchen. „Sonst musst du dich immer um sie kümmern."

Mary schaute sie verblüfft an: „Das macht doch nichts!"

Sie hockte sich neben das kleine Mädchen und lächelte freundlich: „Na, warum weinst du denn?"

„Da!", jammerte das Kind. „Nass!" Sie hatte in die Windel gemacht.

Noch ehe Mary sich um das Kind kümmern konnte, war Missis Jennings aufgesprungen und hatte das kleine Mädchen hochgerissen.

„Du dummes Gör!", schimpfte sie. „Hast du immer noch nicht gelernt, auf den Topf zu gehen!" Sie packte das Kind, riss ihr das Kleid in die Höhe und dann setzte sie es grob auf einen Topf, der am Boden stand. „Du bleibst da jetzt sitzen, bis du es gelernt hast!", zischte sie wütend.

Mary stand vollkommen entsetzt daneben und wagte nicht, sich zu rühren. Wie konnte man ein Baby so grob behandeln? Über Stunden hockte das Kind auf dem Topf und immer wenn es aufstehen wollte, presste Missis Jennings es grob zurück.

Irgendwann fielen dann doch ein paar Tropfen in den Topf und Missis Jennings war endlich zufrieden. „Du machst nie wieder in die Windel!", sagte sie drohend.

Mary stand auf und nahm das Kind an der Hand. Höflich wandte sie sich an Missis Jennings: „Ich werde mich gern darum kümmern, M'am."

Zum ersten Mal schien die Frau erfreut zu sein. „Du bist ein braves Kind", murmelte sie. „Du kannst mit Charlotte zu den Siedlern gehen und um Essen betteln. Das wirkt immer!"

„Wie bitte?", wunderte sich Mary.

„Hörst du nicht?", kreischte die Frau. Plötzlich war ihr Gesicht wieder gerötet vor Wut. „Morgen gehst du mit Charlotte zum Betteln."

„Aber Sie bekommen doch Papiere, damit Sie Essen für uns kaufen können."

Die Augen der Frau glitzerten plötzlich gefährlich. „Was sagst du? Du undankbares Ding! Gar nichts bekomme ich! Gar nichts. Du aufsässiges Ding, du! Los streck deine Hand aus!"

Mary streckte die Hand vor und wusste nicht, was das sollte. Da zog Missis Jennings eine Gerte hervor und gab ihr einige Klapse auf die Hand. Mary wollte die Hand zurückziehen, doch Missis Jennings packte sie und schlug dann wieder zu. „Du undankbares Ding!", schimpfte sie dabei immer wieder. Mary biss die Lippen aufeinander und unterdrückte die Tränen. Sie hatte nichts gemacht! Nichts!

„Entschuldige dich gefälligst, hörst du!", schimpfte die Frau weiter. Mary schluckte schwer. Dann flüsterte sie: „Es tut mir sehr Leid, Missis Jennings."

Die Gerte verschwand wieder an der Wand und sichtlich zufrieden ließ sich die Frau auf ihren Stuhl plumpsen. „Morgen sehen wir weiter. Heute bekommst du nichts zu essen!"

Mary war so schockiert, dass sie nichts mehr sagte. Die anderen Kinder kicherten schadenfroh, doch einige ließen auch traurig die Köpfe hängen. Das Leben war nicht gut zu Waisenkindern. Das hatten sie alle schon lernen müssen. Am schlimmsten traf es die Kleinsten, denn niemand wollte sich um sie kümmern. Ein kleineres Mädchen, mit blonden Haaren und blauen Augen, wurde von einer Siedlerfamilie adoptiert und zwei ältere Jungen bekamen einen Arbeitsvertrag und mussten mit den Farmern, die für sie bezahlt hatten, mitgehen.

Mary hatte den Eindruck, dass sie wie Sklaven verkauft wurden. Vier Jahre lang sollten sie hart arbeiten, erst dann wären sie „frei". Ganz kleine Kinder wurden am ehesten adoptiert und manchmal auch die älteren Mädchen.

Charlotte war noch klein, aber niemand wollte sie, denn sie war ein Mischlingskind. Mary verstand nicht, was das bedeutete, aber ein älteres Mädchen erklärte ihr, dass Charlotte eine indianische Mutter und einen Soldaten zum Vater hätte. Niemand wollte solche Kinder. Dabei war Charlotte niedlich. Sie hatte braune Augen und eine schöne hellbraune Haut. Ihre Haare waren nicht so pechschwarz wie bei Hanhepi-win oder Iná. Wenn das Sonnenlicht darauf fiel, glitzerten einige braune Strähnen darin. Mary gefiel das. Sie kümmerte sich um das kleine Mädchen und sorgte dafür, dass sie keine Windeln mehr brauchte.

Tagsüber musste Mary nun betteln gehen. Sie hielt Charlotte auf dem Arm und hob die Hände, wenn die Siedler mit ihren Wagen

vorüberfuhren. „Ich habe Hunger!", rief sie dann wenig glaub-
haft.

Anfangs bekam sie kaum etwas. Vielleicht, weil sie wirklich nicht
hungrig genug aussah. Doch Missis Jennings schlug sie, wenn
sie wieder nichts mitbrachte und so wurde sie schnell geschickter. „Wir haben unsere Eltern verloren!", rief sie dann. „Bitte,
gebt uns etwas!" Sie versteckte Charlottes schwarze Haare unter einem Kopftuch, sodass man ihre indianische Herkunft nicht
gleich erkannte.

Manchmal sah Mary die Dame, die ihr das Kleid geschenkt hatte, aber Mary war inzwischen so schmutzig und ungepflegt, dass
sie es nicht wagte, dorthin zu gehen. Sie war ja nun ein Waisenkind. Es klang wie ein Schimpfwort.

Jede Nacht machte sie Pläne für ihre Flucht. Sie wusste, dass
ihr nicht viel Zeit blieb. Überall waren Soldaten zu sehen und sie
merkte an dem gereizten Ton, dass ein Krieg nahe bevorstand.
Immer neue Truppen kamen an und setzten sich dann säbel-
rasselnd nach Norden in Bewegung. Vielleicht lag es an ihnen,
dass die Waisenkinder bisher noch nicht nach Denver geschickt
worden waren. Wahrscheinlich hatte man sie einfach vergessen.
Mary beobachtete, wie die Soldaten mit Kanonen und Wagen
nach Norden aufbrachen und das Herz wurde ihr schwer. Taschunka withko und Wambli würden kämpfen! Sie dachte an
ihre Eltern und dann träumte sie von ihren Ponys. Nachts lag sie
auf dem schmutzigen Sack und dachte an das weite Land. Wie
wäre es, wenn sie jetzt in dem klaren Fluss badete und anschließend nach ihren Ponys sah? Mutter würde sie mit ihren warmen
Augen anlächeln und ihr eine Schale mit leckerer Suppe in die
Hand drücken. Und Hanhepi-win würde sie zu den Freundinnen
zerren, damit sie mit den Puppen spielten. Ob Leiser Wind auf
meine Ponys achtet, dachte sie wehmütig.

Es wurde heiß und trocken. Bald würden die Lakota aufbrechen, um die Büffel zu jagen. Wie sollte sie dann das Dorf noch finden? Nein, sie musste fliehen!

Sie beobachtete den Mond und wartete darauf, dass er sich rundete. Dann hätte sie einige Nächte, in denen das Licht des Mondes ihr den Weg weisen würde. Solange musste sie warten.

Nachts würde niemand ein kleines Mädchen sehen, das nach Norden unterwegs war.

Aufbruch

Die Tage wurden schlimmer. Der Mann von Missis Jennings war heimgekehrt und er fluchte und brüllte den ganzen Tag. Regelmäßig verdrosch er den Jungen mit seinem Gürtel den Rücken und die kleinen Mädchen versteckten sich vor ihm. Meistens war er betrunken und jeder bewegte sich nur auf Zehenspitzen, damit er nicht aufwachte.

Manchmal kam ein Farmer vorbei, um nach Hilfskräften zu suchen, und dann mussten sich alle in einer Reihe aufstellen. Von den Älteren war fast niemand mehr da. Auch Mädchen erhielten solche „Arbeitsverträge". Sie mussten bis zu einem bestimmten Alter bei der Familie bleiben und im Haushalt helfen. Erst dann durften sie sich einen Mann suchen und heiraten.

Mary wusste, dass auch ihr dieses Schicksal einmal blühte. Mehrmals wäre sie fast ausgesucht worden, aber dann hielt man sie doch noch für zu jung. Außerdem war Missis Jennings ganz froh, dass Mary sich so gut um die kleineren Kinder kümmerte.

Mary hatte sich angepasst. Sie tat das, was ihr gesagt wurde und widersprach nie. So wurde sie fast nie geschlagen. Nur einmal wurde Missis Jennings furchtbar wütend, weil Mary gebetet hatte. „Für wen betest du denn?", hatte Missis Jennings gefragt. „Für meine Ponys", hatte Mary ehrlich geantwortet.

Da hatte Missis Jennings sie fürchterlich verprügelt und anschließend hatte Mary den ganzen Tag auf dem Boden knien und für Missis Jennings beten müssen. „Du Heidenkind!", hatte Missis Jennings gebrüllt. „Wie kannst du es wagen, für ein Pferd zu beten!"

Mary hatte nicht für Missis Jennings gebetet. Sie war am Boden gekniet und ihre Beine waren eingeschlafen. Aber es war ihr gleichgültig gewesen. Sie wusste, dass sie mit allen Wesen

verwandt war und das gab ihr Kraft. Sie hatte die Geister ange-
fleht, damit sie ihr halfen zu Mutter und Vater zurückzukehren.
In ihren Kopf formten sich die Gebete und Lieder der Lakota
und so hielt sie die Schmerzen aus. Am Abend musste sie wieder
ohne Essen ins Bett und die anderen Kinder tuschelten. Aber
Charlotte kam zu ihr und drückte ihren kleinen Körper an sie. Es
war fast wie bei Ptan.

Nachts dachte Mary über ihre Flucht nach. Sie brauchte Lebensmittel und Wasser. Und sie musste bei Nacht gehen, damit niemand sie fand. Es war warm und so hatte sie keine Angst vor
der Nacht. Jetzt würde es keine Schneestürme mehr geben und
selbst Regen würde zu dieser Jahreszeit kaum fallen. Die einzige
Sorge bereiteten ihr die Soldaten. Sie musste es schaffen, dass
sie ungesehen in Richtung Norden verschwand.

Es wurde Neumond und Mary wartete in Ruhe ab, bis die Sichel
des Mondes sich zu runden begann. Noch war niemand gekommen, um ihre Abreise vorzubereiten. Stattdessen waren noch
mehr Kinder bei Missis Jennings abgeliefert worden. Einige waren schon seit Wochen allein gewesen und hatten gebettelt, um
ein bisschen Essen zu bekommen.

Nun kümmerte sich die Armee um diese Kinder. Mary hörte an
den Gesprächen von Missis Jennings und ihrem Mann, dass bald
alle Kinder fortgeschafft werden sollten. Missis Jennings schien
das nicht so recht zu sein. „Wovon sollen wir denn dann leben?",
hatte sie gejammert.

„Ach, es werden neue Kinder kommen!", hatte Mister Jennings
gelacht. Und dann hatten sich beide mit einer Flasche Whiskey
in ihr Zimmer verdrückt.

Mary lag auf ihrem Strohsack und hörte auf die Geräusche in
dem anderen Zimmer. Die beiden Erwachsenen lachten und ihre

Stimmen lallten. Irgendwann war nur noch lautes Schnarchen zu hören und Mary wusste, dass die beiden so schnell nicht aufwachen würden. Es wurde Zeit zu gehen!

Vorsichtig schlug Mary die stinkende alte Decke zurück und erhob sich. Sofort erschien auch Charlottes Kopf. Sie hatte einen leichten Schlaf und schreckte stets hoch wie ein Rehkitz, wenn sich etwas bewegte. Beschwörend legte Mary ihr den Finger auf die Lippen. „Sei leise!", warnte sie. „Schlaf weiter, ich komme gleich wieder!" Es war eine Lüge, denn sie würde nicht wiederkommen.

Der Kopf verschwand und Mary atmete erleichtert auf. Schnell suchte sie einige Kanten Brot zusammen und steckte sie in die Umhängetasche, die sie immer von Missis Jennings erhielt, wenn sie zum Betteln geschickt wurde. Dann füllte sie zwei leere Flaschen mit Wasser und steckte sie ebenfalls in die Tasche. Außerdem griff sie nach einer Packung Schwefelhölzchen. Damit konnte sie ein Feuer entfachen, wenn sie genügend Abstand zwischen sich und dem Fort hatte. Irgendwie war es beruhigend, wenn sie Feuer machen konnte. Alles geschah fast lautlos.

Im Nebenraum war das Schnarchen zu hören und auch bei den Kindern rührte sich nichts. Dann stand plötzlich Charlotte neben ihr. „Wo gehst du hin?", piepste sie.

Mary erschrak fast zu Tode, denn die Stimme der Kleinen war klar und deutlich zu hören. Wortlos drückte sie dem Kind den Finger auf die Lippen und schüttelte den Kopf. „Komm!", flüsterte sie fast unhörbar.

Charlotte war eigentlich noch zu klein, um zu verstehen, dass sie ganz leise sein sollte. Aber sie hatte bereits gelernt, dass niemand ihr Beachtung schenkte, wenn sie weinte und so gehorchte sie lieber. Mit großen Augen folgte sie Mary, als diese noch die Decke hochnahm und schließlich lautlos die Hütte verließ.

Mary überlegte fieberhaft, was sie nun tun sollte. Charlotte würde weinen, wenn sie das Kind hier zurückließ, und dann wäre alles verloren. Der Weg war weit und gefährlich und Charlotte war eigentlich noch ein Baby. Ihre Beine waren kurz und sie konnte bestimmt nicht so weit gehen.

Unschlüssig stand Mary da und blickte auf das kleine Mädchen. Sie dachte an Iná und Inyan-ska, die sie wiedersehen wollte. Mit dem Kleinkind würde es schwieriger werden, ihre Eltern zu erreichen. Und sie wusste auch nicht, was die beiden sagen würden, wenn sie mit so einem kleinen Mädchen dort ankam.

Charlotte stand vor ihr und schaute sie einfach nur mit ihren großen Augen an. Eigentlich sieht sie aus, wie Witschachpi, dachte Mary. Der schaut mich auch immer so an!

Sie lächelte plötzlich. Inyan-ska und Iná würden sich über dieses kleine Mädchen freuen. Das wusste Mary ganz genau. Und dann hätte Charlotte auch wieder einen Vater und eine Mutter. Sie beugte sich zu ihr hinunter und flüsterte: „Charlotte, du musst ganz leise sein und ganz gut laufen. Wir gehen zu Mama und Papa!"

Charlottes Augen wurden noch größer. „Zu Mama und Papa?", wisperte das Kind. Es waren magische Wörter.

„Ja, weißt du, ich bin gar kein Waisenkind. Ich habe Mama und Papa bei den Lakota. Und dort gehen wir hin!"

„Und ich auch?"

„Aber ja, du bist nämlich meine Schwester! Aber nun sei still. Niemand darf uns hören oder sehen, sonst müssen wir zu Missis Jennings zurück."

Mary nahm Charlotte an der Hand und machte sich auf den Weg. Das Kind trippelte mit und Mary kam nur sehr langsam voran. So werden wir nie ankommen, dachte Mary voller Schrecken. Aber es war zu spät. Sie musste eben langsam wandern und Rücksicht auf das Kind nehmen. So wie sie es bei Ptan gelernt hatte! Bei den Lakota wurde kein Kind schlecht behandelt!

Am Morgen erreichten die beiden die Brücke, die über den Fluss führte und Mary reihte sich unter all die Menschen, die dort hinübergingen. Sie blieb in der Nähe einiger Wagen, sodass es aussah, als gehörte sie zu diesen Familien. Es war frühmorgens und noch würden Mister und Missis Jennings ihren Rausch nicht ausgeschlafen haben. Vielleicht dauerte es noch eine Weile, ehe sie vermisst wurden. Außerdem würde Missis Jennigs glauben, dass Mary zum Betteln gegangen war.

Das Kind an ihrer Hand taumelte nur noch vor Müdigkeit. Mary wusste, dass sie eine Rast einlegen musste. Charlotte war tapfer und weinte nicht, aber die kleinen Beine konnten nicht mehr. Mary ließ die Wagen weiterfahren und sah sich nach einem Versteck um.

Vielleicht war es besser, wenn sie tagsüber an dem Fluss blieben und erst nachts weiter wanderten. Zwei Kinder, die allein über die Prärie liefen, waren auf jeden Fall verdächtig. Irgendwann würden sie von Soldaten aufgehalten werden, die wissen wollten, wohin sie eigentlich unterwegs waren. Nein, hier am Fluss würde niemand fragen. Hier gab es viele Kinder.

Sie zog Charlotte in den Schatten eines Baumes und legte die Decke auf den Boden. „Wir ruhen uns aus", lächelte sie. „Du bist wirklich brav mitgelaufen."

„Wann sind wir denn bei Mama und Papa?", wollte das Kind wissen.

„Bald!", versprach Mary.

Charlotte rollte sich zusammen und schloss die Augen. Fast augenblicklich war sie eingeschlafen, während Mary neben ihr saß und über den Fluss blickte. Bald, dachte sie. Bald wäre sie daheim!

Sie döste eine Weile, dann fuhr sie erschrocken hoch, als eine Abteilung Reiter an ihr vorbeipreschte. Es waren Soldaten, die Richtung Norden unterwegs waren. Ob sie schon nach uns suchen, überlegte Mary. Sie blieb in der Deckung des Baumes und machte sich klein. Noch war sie viel zu nah am Fort. Das kleine Mädchen schlief tief und fest und Mary legte sich wieder dazu. Sie würde warten, bis der Mond aufgegangen war, ehe sie sich wieder auf den Weg machte.

Am späten Abend wachte auch Charlotte wieder auf. „Ich habe Hunger", wisperte sie.

Mary kramte etwas Brot aus ihrer Tasche und gab dem Kind einige Schlucke Wasser zu trinken. Sofort füllte sie die Flasche mit dem Flusswasser wieder auf. Sie hatte gelernt, wie wichtig es war, genügend Wasser dabei zu haben.

Charlotte schien munter zu sein und so nahm Mary das kleine Mädchen an der Hand. „Wir müssen weiter!", meinte sie aufmunternd.

„Aber es ist doch dunkel!", beschwerte sich Charlotte.

„Ja, es ist dunkel. Da kann uns keiner sehen."

Mary zog Charlotte mit sich fort und suchte am Himmel nach dem Nordstern. Dort musste sie hin.

„Und wann sind wir bei Mama und Papa?", erkundigte sich das Mädchen.

„Bald!"

Mary stapfte nach Norden und verließ die Ebene des Flusses. Sie lauschte auf die Geräusche der Nacht, aber alles war ruhig. Soldaten ritten nicht bei Nacht. Manchmal hörte sie den Schrei eines Nachtfalken und Grillen zirpten unentwegt. Sie hatte keine Angst. All diese Geräusche waren ihr vertraut. Außerdem hatte sie das Messer dabei, um sich zu verteidigen.

Sie führte Charlotte an der Hand und anfangs lief das Kind ganz gut mit, aber schon nach kurzer Zeit wurde es müde und schlurfte nur noch. „Trag mich!", jammerte sie.

„Charlotte!", schimpfte Mary mit ernster Stimme. „Wir müssen doch zu Mama und Papa."

„Sind wir bald da?", fragte das Kind wieder. Mary seufzte. Sie bereute es bereits jetzt, das Kind mitgenommen zu haben. Es war viel zu klein für die weite Reise.

„Ein bisschen laufen musst du schon noch", murmelte sie drängend. Dann fiel ihr etwas Schönes ein. „Weißt du, wenn wir da sind, zeige ich dir meine Ponys."

„Hoppe Reiter Pferdchen?"

Mary lachte. „Ja, Hoppe Reiter Pferdchen. Sie heißen Tupfen und Witschachpi!"

Sie erzählte dem Mädchen alles über die Ponys und Charlotte war so abgelenkt, dass sie doch noch eine ganze Weile weiterging. Aber irgendwann knickten die Beine ein und Charlotte ließ sich ins Gras sinken.

Mary erkannte, dass sie eine Pause machen musste und sah sich suchend um. „Komm, dort vorne sind einige Felsen. Dort können wir rasten."

Nur mit Mühe konnte sie das Kind weiterziehen und schließlich trug sie es die letzten Meter. Sie legte die Decke auf den Boden und ließ Charlotte darauf Platz nehmen. Dann hielt sie dem Kind die Flasche an den Mund.

Gierig schluckte das Mädchen das Wasser in sich hinein und bat dann um etwas zu essen. „Jetzt noch nicht! Erst später, wenn wir uns zum Schlafen hinlegen."

Charlotte weinte. Sie war müde und wollte endlich schlafen. Mary seufzte. Sie hatte es bereits hundert Mal bereut, dass sie überhaupt aufgebrochen war. Sollte sie umkehren? Aber sie fürchtete sich vor den Schlägen, die dann ganz bestimmt folgen würden. Nein, sie wollte nicht zurück und sie wollte auch nicht nach Denver.

Sie ließ Charlotte etwas schlafen und weckte sie nach einiger Zeit wieder. „Komm, wir müssen noch ein bisschen gehen. Bald geht die Sonne auf und dann kannst du dich ausruhen!"

Willig ließ sich das Kind fortziehen und die beiden wanderten weiter nach Norden. Mary schaffte es durch ein weiteres Tal und suchte sich dann einen Schlafplatz unter einigen überhängenden Felsen. Wie sie es gelernt hatte, klopfte sie mit einem Stock auf den Boden, um Klapperschlangen zu vertreiben.

Charlotte lachte, weil sie es lustig fand. Die beiden knabberten an dem Brot und legten sich dann schlafen. Sie waren so müde, dass sie nicht mehr sahen, wie die Sonne aufging und mit ihren Strahlen die Erde begrüßte.

Sie bemerkten auch nicht, dass ganz in der Nähe einige Reiter vorbeikamen, obwohl der Boden von den Hufen der Pferde dröhnte. Noch waren sie ganz in der Nähe des Forts und es wäre ein Leichtes gewesen, umzukehren und die Sicherheit der anderen zu suchen. Aber Mary war selbst noch ein Kind und wusste nicht, in welche Gefahr sie sich und das kleine Mädchen brachte. Sie dachte, dass sie bald bei ihren Eltern wäre.

Ein weiter Weg

Am Abend machten sie sich wieder auf den Weg. Der Mond rundete sich und hüllte das Land in sein warmes Licht. Es war nicht zu kalt und Mary fühlte sich sicher. Außerdem lenkte sie das andere Kind ab. Sie war jetzt für jemanden verantwortlich und dieser Gedanke machte irgendwie stark. Sie war jetzt fast wie eine Mutter.

Tapfer hielt sie Charlotte an der Hand und wanderte nach Norden. Sie erzählte von Iná und Inyan-ska, die so lieb waren und sich immer gut um sie beide kümmern würden. Und sie erzählte von Hanhepi-win, Wambli und Ptan. „Sind das dann auch meine Geschwister?", erkundigte sich Charlotte.

„Aber ja!"

Mary fiel ein, dass Charlotte ja kein Lakota sprach und so begann sie, ihrer neuen Schwester alles auf Lakota zu sagen. „Die Menschen dort reden nämlich anders", erklärte sie dem Kind. Das lenkte die beiden so ab, dass Charlotte einfach vergaß, sich über den langen Weg zu beschweren. Ihre Füße trippelten nebenher und mit jeder Stunde schaffte sie eine weitere Entfernung. Mary machte nur noch kurze Pausen und ging dann unbeirrt weiter. Charlotte fand es lustig, bei Nacht zu wandern. Außerdem war es da nicht so heiß.

Kurz vor der Morgendämmerung suchte Mary wieder nach einem geeigneten Versteck. Bisher hatte sie noch keinen Fluss gefunden und das beunruhigte sie. Sie hatte nur noch eine Flasche mit Wasser und das würde nicht lange reichen. Trotzdem ließ sie Charlotte soviel trinken, wie sie wollte, weil sie das Mädchen nicht beunruhigen wollte.

Erst als Charlotte ruhig schlief, stand Mary auf und beobachtete den Himmel. Manchmal zeigten einem die Vögel, wo Wasser war. Dort hinten, in der Ferne, schwebten einige Vögel am

Himmel und Mary beschloss, nachts dorthin zu gehen. Vielleicht fand sie dort Wasser. Stirnrunzelnd blickte sie ins Gras und sah, dass es manchmal niedergedrückt war. Dieser John würde uns ganz bestimmt finden, wenn er hier zufällig vorbeikam, dachte sie erschrocken. In der Nähe des Forts gab es so viele Fuß- und Wagenspuren, dass ihre Abdrücke nicht aufgefallen wären. Aber hier draußen? Jeder würde sehen, dass hier zwei Kinder gegangen waren. Sie musste vorsichtiger sein!

Am Abend brachen sie wieder auf. Mary machte mit Charlotte ein kleines Spiel. Nicht das Gras berühren, hieß es. Jeder gute Fährtenleser hätte trotzdem ihre Spur gefunden, aber Mary glaubte, in Sicherheit zu sein.
Sie konnte nicht ahnen, dass niemand im Fort die beiden vermisste. Missis Jennings merkte erst am Abend, dass Mary und Charlotte nicht heimkamen und verzog sich fluchend mit der Flasche in ihr Zimmer. Am Morgen wurden die übrigen Kinder endlich in einen Wagen verfrachtet und auf den Weg nach Denver geschickt. Niemand vermisste Mary und Charlotte und niemand suchte nach ihnen. Damals geschahen solche Dinge.

Mary wanderte weiter nach Norden. Sie hatte die Gemeinheit von Missis Jennings erlebt und wollte in kein Waisenhaus. Dort würde man sie auch nicht besser behandeln! Sie sehnte sich nach Iná und jeder Schritt brachte sie zu Tupfen und Witschachpi zurück. Mary war kein ungezogenes Kind, aber sie war stur. Sie kannte die Gefahren, die in der Wildnis auf sie lauerten, aber sie dachte, dass ein Messer ausreichte, um sich zu schützen. Wahrscheinlich war das auch so, denn Wölfe und Kojoten fanden im Sommer genug andere Beute.

Mary erreichte schließlich ein weiteres Tal. Dort hatte sie vorher die Vögel am Himmel schweben sehen und tatsächlich wand sich im glitzernden Schein des Mondlichts ein Fluss durch das Tal. Mary jauchzte vor Glück. „Sieh nur, ein Fluss!"

Charlotte nickte. Sie wusste noch nicht, dass davon vielleicht ihr Überleben abhing. Mary zog das Kind den Hang hinunter und setzte sich ans Ufer, um ihre Flaschen aufzufüllen.

Charlotte planschte mit ihren Händen im Wasser und kreischte jauchzend. Für sie war alles nur ein Spiel. Mary kramte wieder Brot aus der Tasche und reichte es dem Kind. Besorgt schaute sie auf die schwindenden Vorräte. Sie hatte ja nur an sich gedacht und nicht gewusst, dass sie nun auch für Charlotte sorgen musste.

Mary folgte dem Fluss, weil er sich sowieso nach Norden schlängelte. Sie wollte nicht das Risiko eingehen, dass sie in dem weiten Land kein Wasser mehr fand. Außerdem waren die Büsche am Ufer voller Beeren, die sie pflücken konnte.

Charlotte stopfte sie sich ebenfalls in den Mund und kleckerte ihr Kleidchen voll. Mary runzelte oft die Stirn, wenn sie an sich hinuntersah. Sie war verdreckt und ihre Haare hingen in Zotteln um den Kopf. Sie hatte vergessen eine Bürste einzustecken.

Charlotte sah auch nicht besser aus und Mary zuckte die Schultern. Wenn sie erst bei Vater und Mutter waren, würde alles gut werden.

Langsam änderte sich der Rhythmus ihrer Reise. Mary wanderte nun tagsüber an dem Fluss entlang und entzündete nachts ein kleines Feuer. Bisher war ihnen niemand begegnet und Mary machte sich Sorgen. Die wenigen Vorräte schwanden schnell. Manchmal stieg Mary in den Fluss, um Krebse zu fangen. Doch das wenige Fleisch, das sie aus der Schale kratzte, reichte kaum. Noch hatte sie nachts ein Feuer und das beruhigte sie.

Nach einigen Tagen war kein Krumen Brot mehr in ihrer Tasche zu finden und Hunger wurde ein ständiger Begleiter. Anfangs hatte sie Charlotte noch mit Geschichten oder Spielen abgelenkt, aber inzwischen war das kleine Mädchen still geworden. Auch die Fragen, wann sie endlich bei Mama und Papa ankommen würden, hatten aufgehört. Still trottete Charlotte neben Mary her und wurde zusehends dünner und schwächer.

Immer öfter mussten sie rasten und dann rollte sich Charlotte wie ein kleines Fohlen zusammen und schlief. Mary hatte manchmal Angst, dass sie nicht mehr aufwachte und rüttelte sie dann heftig an der Schulter. Sie versuchte Essen zu finden und die Kinder waren so ausgehungert, dass sie die Eier roh tranken, wenn Mary welche fand. Wo waren die Lakota? Wo waren überhaupt irgendwelche Menschen?

Warum fand sie keine Dörfer oder Siedlungen? Manchmal verließ Mary das Tal des Flusses und kletterte auf einen Hügel, um sich umzusehen. Meist tat sie das, wenn Charlotte schlief, denn das Mädchen war inzwischen zu schwach, um noch weite Entfernungen zurückzulegen. Dann stand Mary auf dem Hügel und blickte über das endlose Land. Nichts außer wogendem Gras. Nichts.

Dann kehrte Mary um und Verzweiflung breitete sich in ihrem Herzen aus. Sie streichelte über Charlottes verfilztes Haar und entschuldigte sich bei dem schlafendem Kind. „Es tut mir so leid!", flüsterte sie unhörbar. Und dann stellte sie sich hin, hob ihre Hände zur Sonne und flehte in der Sprache der Lakota um Hilfe.

Und irgendwann konnte Charlotte nicht mehr laufen. Sie weigerte sich aufzustehen und war zu erschöpft, um die Augen zu öffnen. Mary hatte Angst. Todesangst. Sie brauchten etwas zu essen und sie mussten endlich gefunden werden. Mary war selbst noch ein Kind und die Verantwortung für das kleine Mädchen war zu viel für sie. Tränen liefen ihr über das schmutzige Gesicht und hinterließen helle Streifen.

Sie beschloss, eine Weile hier zu bleiben und nach Essen zu suchen. Nachts konnte sie mit ihren Schwefelhölzern ein großes Feuer machen. Ein Feuer konnte man gut sehen. Vielleicht würde ja jemand aufmerksam werden? Sie kramte nach den Schwefelhölzchen und zählte sie bedrückt. Noch vier! Sie musste sehr, sehr vorsichtig sein, wenn sie ein Feuer entfachte. Manchmal blies der Wind die kleine Flamme aus und dann musste sie ein weiteres Hölzchen nehmen. Sie konnte vielleicht noch ein oder zweimal Feuer machen. Dann wäre es aus.

Mary blickte auf das schlafende Mädchen und streichelte die dünnen Finger. Sie waren so zerbrechlich. Dabei war Charlotte so klein, dass sie gar nicht viel zu essen brauchte. Aber selbst das Wenige war nicht zu finden.

Mary döste eine Weile und als sie erwachte, war das Feuer aus. Sie verschwendete ihre letzten Schwefelhölzchen ohne das Feuer in Gang setzen zu können und sank mutlos in sich zusammen. Es war so trostlos, so bedrückend, dass Mary wie benommen auf die leere Schachtel starrte. Feuer bedeutete Sicherheit und nun war ihr selbst dieser Trost genommen. Sollte sie umkehren? Mary dachte an den weiten Weg, den sie inzwischen zurückgelegt hatten. Nein, es war zu weit! Dort war nichts und niemand, der sie retten konnte. Und Charlotte würde es niemals zurück bis zum Fort Laramie schaffen. Sie konnten nur hoffen, dass irgendwann ein Dorf der Lakota auftauchte.

Bitte, liebe Büffel, kommt doch hierher, flehte Mary still. Denn dann würden auch die Lakota kommen. Sie pflückte Beeren, die nicht wirklich satt machten, ansonsten gab es nichts mehr. Aber in ihren Gedanken saß sie bei Iná am Feuer und stopfte Büffelfleisch in ihren Mund.

Cheyenne

Am Morgen gab sie Charlotte einige Beeren, dann zog sie das erschöpfte Kind wieder vorwärts. Schnell wurde es heiß. Mary kam kaum noch vorwärts, denn Charlotte war so dünn, dass ihre Beinchen sie kaum noch trugen. Auch Mary fühlte diese Schwäche in sich. Es ist doch ohnehin gleichgültig, ob wir weitergehen oder nicht, dachte sie mutlos.

In der Mittagshitze blieb sie im Schatten einiger Bäume und kaute an einem Grashalm. Manchmal half das gegen den Hunger. Die Kirschen werden reif, dachte sie müde. Und dann fiel ihr ein, dass sie schon lange nicht mehr an Tupfen oder Witschachpi gedacht hatte. Sie war einfach zu hungrig und zu erschöpft. Sie döste ein bisschen und im Traum kam Tupfen zu ihr und schnupperte an ihrem Gesicht. Sie wischte mit der Hand über das Gesicht und merkte, dass es nur eine Ameise war. Vor Enttäuschung kamen ihr fast die Tränen. Iná, weinte sie lautlos. Iná, so hilf mir doch!

Die Sonne neigte sich gen Westen und sie schüttelte Charlotte, um sie zu wecken. „Komm, wir gehen noch ein bisschen!"

Charlotte weigerte sich. „Wir gehen ja nirgendwo hin!", beschwerte sie sich. „Ich bin so müde!"

Mary fehlte die Kraft, um mit Charlotte zu streiten. „Komm!", sagte sie nur. Dann stand sie auf, nahm ihre Tasche und Decke und ging.

Charlotte weinte, doch dann rappelte sie sich auf und lief hinterher. Ihre kleine Hand fasste nach Marys. „Aber nur ein bisschen gehen", bat sie.

„Ja, Charlotte!", flüsterte Mary. „Nur noch ein bisschen!"

Sie zog das Kind neben sich her und merkte, wie ihr Arm schwer wurde. „Du musst aber schon selbst gehen!", tadelte sie das kleine Mädchen. „Ich kann dich nicht die ganze Zeit ziehen."

Charlotte sagte nichts. Vielleicht war sie wirklich zu müde. Mary blickte geradeaus und suchte sich einen Punkt in der Ferne, bis zu dem sie gehen wollte. Bis dahin schaffe ich es noch, dachte sie.

Dann stutzte sie, denn genau an diesem Punkt, hinter einigen Bäumen, waren Reiter aufgetaucht. Indianer auf ihren Pferden! Mary konnte sie ganz genau erkennen. Ihr Herz schlug ihr vor Aufregung bis zum Hals. Jemand hatte sie gefunden!

Sie blieb einfach stehen, hielt tapfer Charlottes Hand und wartete, bis die Reiter sie erreicht hatten. Es waren junge Krieger, mit Bögen und Gewehren, die die Kinder mit ausdruckslosen Gesichtern musterten. Vielleicht waren sie überrascht, hier zwei weiße Kinder zu sehen, aber sie zeigten es nicht. Sie wirkten gefährlich, denn sie waren mit grellen Farben bemalt. Mary wusste, dass sie auf einem Kriegszug waren.

„Malakota!", rief sie mit fester Stimme. „Ich bin eine Lakota!"

Zum ersten Mal zeigte sich Überraschung in den Gesichtern der Männer. Dann sprang ein Mann von seinem Pferd und stellte sich vor sie hin. Charlotte hatte Angst und drückte ihr Gesicht in Marys Kleid. „Malakota!", wiederholte Mary heiser.

„Wir sind Cheyenne!", erklärte der Krieger. „Was machst du hier?" Er sprach Lakota, aber nicht so gut.

„Ich suche meinen Vater", erklärte Mary.

Der Krieger legte seinen Kopf schief und machte eine verächtliche Handbewegung. „So, und wer ist dein Vater?", wollte er wissen.

„Inyan-ska", antwortete Mary kleinlaut. Sie hatte plötzlich Angst vor diesen wilden Kriegern. Sie schienen überhaupt nicht freundlich zu sein.

„Inyan-ska?", wiederholte der Mann. Der Name schien ihm nichts zu sagen. „Du siehst aus wie ein weißes Mädchen!"

„Ich bin Lakota", flüsterte Mary. „Und ich suche meinen Vater. Bitte helft uns!"

Der junge Krieger drehte sich zu den anderen um und redete mit ihnen. Seine Sprache klang flüsternd und ganz anders als die Sprache der Lakota. Die anderen runzelten die Stirn und blickten wenig freundlich auf die zwei Kinder.

Mary hatte Angst. Sie war so weit gekommen! Sonst waren doch die Cheyenne immer freundlich gewesen, wenn die Lakota sie um Hilfe gebeten hatten. Glaubten sie ihr nicht?

Dann fiel ihr der wilde Krieger ein. Taschunka withko. Vielleicht kannten die Cheyenne diesen wilden Krieger?

„Mein Vater lebt im Dorf von Taschunka withko!", erzählte sie.

Die Gesichter der Männer wandten sich wieder ihr zu, dieses Mal mit deutlichem Spott in ihren Augen.

„Taschunka withko hasst alle Weißen!", erklärte der junge Cheyenne mit einer abfälligen Handbewegung.

„Ich bin Lakota!" Mary schwindelte vor den bösen Blicken der Männer. Aber sie stand da und schaute ihnen fest in die Augen. „Malakota!", wiederholte sie stur und dieses Mal begleitete sie ihre Worte mit den Gesten, wie auch ihr Vater sie machen würde.Sie zeigte „Halsabschneiden" als Zeichen für ihr Volk.

Der junge Mann sagte schließlich etwas, das alle zu amüsieren schien. Ein Krieger trieb sein Pony näher und dann riss er Charlotte einfach zu sich auf das Pferd. Charlotte war zu erschöpft, um sich zu wehren und so hing sie nun in den Armen des Mannes und schaute Mary mit großen Augen an.

„Keine Angst!", rief Mary ihr zu. „Bald sind wir bei Mama und Papa!"

Der junge Mann aber hob Mary zu sich auf das Pferd und im Galopp ging es durch das Tal. „Du redest Englisch mit deiner Schwester", sagte er, als hätte er sie bei einer Lüge ertappt. Mary wusste, dass er ihr kein Wort glaubte und schwieg.

Die Krieger verließen das Tal des Flusses und ritten über mehrere Hügelketten. Wogendes Gras lag in endlosen Wellen vor ihnen. Wo bringen sie mich hin, dachte Mary voller Sorgen. Dann kletterten die Pferde in eine Schlucht. Hier war es bereits dunkel und seltsame Schatten fielen von den Wänden.

Schließlich öffnete sich die Schlucht zu einem kleinen Tal, in dem viele Indianer warteten. Alle trugen Kriegsbemalung und sie stießen kleine Schreie aus, als sie die Ankömmlinge begrüßten. Dann wurden sie still, als sie die zwei weißen Kinder sahen. Mary konnte kaum noch atmen vor Angst. Wenn sie doch nur bei Missis Jennings geblieben wäre!

Die Krieger drängten sich durch die anderen und erreichten schließlich eine Gruppe von Männern, die in ein Gespräch vertieft waren. Die Männer verstummten verblüfft und blickten den Reitern entgegen, dann wichen sie zur Seite, um einem weiteren Mann Platz zu machen.

Es war Taschunka withko. Er sah gefährlich aus mit seiner Bemalung. Überall waren weiße Tupfen und sein Gesicht war mit einem Blitz gezeichnet. Seine Augen waren hart und wild, aber Mary hatte keine Angst! Sie war so erleichtert, ihn zu sehen, dass ihr ein tiefer Seufzer entwich. Alles würde gut werden. Alles würde wieder gut werden!

Der Mann hinter ihr stieß sie grob vom Pferd und Mary stolperte, als sie Taschunka withko entgegenstürzte. Die Augen des wilden Kriegers wurden groß vor Staunen, dann stützte er Mary mit seinen Armen. „Taschunka-glechka-win!", murmelte er überrascht.

Mary klammerte sich an ihm fest und weinte. All die Angst und Verzweiflung kamen aus ihr heraus und ihr ganzer Körper bebte. Taschunka withko hielt sie ganz fest, sonst nichts. Seine Arme stützten ihren geschwächten Körper und er ließ ihr Zeit, bis sie sich beruhigt hatte. Fassungslos standen die Krieger um die beiden herum und machten ratlose Gesichter. Wieso Taschunka withko ein kleines weißes Mädchen an sich drückte, war ihnen ein Rätsel.

„Taschunka-gleschka-win!", murmelte Taschunka withko schließlich. „Es ist schön, dich zu sehen. Dein Vater und deine Mutter und all die anderen haben dich sehr vermisst!"

Mary wischte die Tränen ab und sah den wilden Krieger an. „Bist du noch mein Arm?", fragte sie zögernd.

Da musste Taschunka withko so lachen, dass er Bauchschmerzen bekam. „Aber ja!", kicherte er. „Ich bin dein Arm!"

„Ich möchte nach Hause", flüsterte Mary glücklich. „Ich möchte zu Mutter und Vater."

„Du hast einen langen Weg hinter dir. Nun ist es nicht mehr weit! Ich bringe dich nach Hause!"

„Musst du nicht kämpfen?", wunderte sich Mary.

Taschunka withko senkte den Blick. „Ich muss kämpfen. Aber ich schütze das Volk. Du bist in Not und deshalb bringe ich dich erst nach Hause."

„Ja!", lächelte Mary.

„Wer ist denn das kleine Mädchen?", wunderte sich Taschunka withko.

„Ach, sie war ganz allein und hat mich an Witschachpi erinnert. Der hat auch immer so verloren ausgesehen. Ich dachte, dass Iná und Inyan-ska sie vielleicht auch gern mögen. Was meinst du?"

Taschunka withko musste schon wieder lachen. „Ich glaube, dass sie dein Witschachpi-gnuni-win sehr gern haben werden!"

Witschachpi-gnuni-win. „Verlorener-Stern-Mädchen". So ein schöner Name! Mary lächelte und dann stiegen ihr wieder die Tränen in die Augen.

„Es geht ihr sehr schlecht! Wir sind schon so lange unterwegs und …!"

Taschunka withko wischte ihr die Tränen aus den Augen und lächelte. „Hohch. Sie wird Hunger haben, was meinst du?"

„Ja, und ich auch!"

Der Mann musterte sie eindringlich und strich über ihre zerzausten Haare. „Sieh nur deine Haare, hier wird deine Mutter einiges tun müssen!"

Taschunka withko nahm Charlotte einfach auf den Arm und musterte das zarte Kind. Sie war wirklich nur noch Haut und Knochen. Große, braune Augen blickten den Mann hoffnungsvoll an. „Sie sieht aus wie unsere Kinder", wunderte er sich.

Mary nickte. „Ja, niemand wollte sie, weil sie wie ein Lakotakind aussieht."

Die Lippen des Mannes wurden schmal vor Zorn, dann wiegte er Charlotte ganz sanft in seinen Armen. „Wir wollen dich, mein kleines Witschachpi-gnuni-win", flüsterte er liebevoll. „Wir wollen dich!"

Natürlich verstand Charlotte ihn nicht, aber sie merkte, dass der Mann es gut mit ihr meinte und schenkte ihm ein feines Lächeln. Alles war wieder gut. Und als sie bei ihm auf dem Schoß saß und Fleisch in ihren Mund stopfte, da konnte sie schon wieder kichern.

„Morgen sind wir bei Mama und Papa!", versicherte Mary dem Kind immer wieder. Und dann erzählte sie Taschunka withko von ihrer Zeit in Fort Laramie. „Ich will nie mehr dorthin zurück!", bat sie zum Schluss.

„Nein, das musst du nicht! Du bist jetzt eine Lakota. Und Witschachpi-gnuni-win auch! Bald seid ihr groß, dann heiratet ihr unsere Krieger und schenkt ihnen Söhne und Töchter."

Mary dachte darüber nach. Sie wollte eigentlich keinen dieser wilden Krieger heiraten, die immer kämpften. Aber Leiser Wind gefiel ihr vielleicht schon. Noch war sie nur ein kleines Mädchen und sie wischte den Gedanken beiseite. Sie wollte zu Tupfen und Witschachpi und dann wollte sie mit ihrer Puppe spielen.

Niemand wunderte sich, als Taschunka withko am nächsten Morgen aufbrach, um die Kinder zurückzubringen. Er hatte es so beschlossen und niemand widersprach. Jeder Mann tat, was er zu tun gedachte.

Er hatte die Kriegsbemalung abgewaschen und war ausgeglichen und freundlich, als er sich von den Cheyenne verabschiedete. Einige seiner Freunde begleiteten ihn und alle wirkten friedlich und entspannt. Nur Mary war ein wenig beklommen zumute, als sie bei Taschunka withko aufsitzen sollte. Sie zögerte und der Mann hob fragend die Augenbrauen. „Hast du Angst bei mir zu reiten?", lächelte er.

Mary schüttelte verlegen den Kopf. „Ich habe keine Angst vor dir!", beeilte sie sich zu sagen. „Aber was ist mit deinem Pferd?"

„Mein Pferd?"

„Ja, du heißt doch 'Sein Pferd ist verrückt'. Wird es mich nicht abwerfen, wenn ich bei dir aufsitze?"

Taschunka withko gluckste vor Lachen. Dann reichte er Mary seine Hand, um sie zu sich auf das Pferd zu ziehen. „Mein Pferd ist brav. Den Namen gibt es schon lange in meiner Familie. Mein Vater hieß auch so, aber er hat ihn mir gegeben, als ich tapfer gegen unsere Feinde gekämpft habe!"

Mary wunderte sich. „Und wie heißt dein Vater jetzt, wenn er dir den Namen geschenkt hat?"

„Wurm!"

Da musste Mary wirklich lachen. Sie klammerte sich an Taschunka withko und freute sich darauf, zu den Lakota zurückkehren.

Es waren lustige, freundliche Menschen. Ihr Blick fiel auf die anderen Männer, die sie begleiteten und die nun freundlich lächelten und scherzten. Mary kannte sie vom Sehen, hatte aber noch nie mit ihnen gesprochen. Mädchen redeten nicht mit jungen Männern. Jetzt erschienen sie ihr gar nicht mehr so furchteinflößend. Nein, sie beschützten das Dorf! Und sie schützten das Land. Sie wunderte sich, warum Wambli nicht bei ihnen war.

„Warum kämpft mein Bruder nicht mit dir?", fragte sie.

„Er hat sich entschieden, den Weg eines heiligen Mannes zu gehen", antwortete Taschunka withko. „Er betet für uns." Bewunderung klang in seiner Stimme mit.

„Du betest auch viel", erklärte Mary mit leiser Stimme.

„Hast du das gesehen?"

„Ja!"

„Hast du auch gebetet, als du so allein warst?", fragte Taschunka withko.

„Ja. Jeden Tag. Ich habe gebetet, dass wir endlich gefunden werden."

„Siehst du! Du hast gebetet und die Geister haben dich gehört. Du wurdest gefunden."

Seltsam, dachte Mary. Bei den Lakota erschien alles so einfach.

„Und für was betest du?", fragte sie den wilden Krieger.

Taschunka withko zögerte kurz, dann meinte er: „Ich bete für unser Volk. Ich bete darum, dass ich die Kraft habe, es zu schützen."

Mary dachte an die Soldaten, die sie in Fort Laramie gesehen hatte. „Es kommen viele Soldaten hierher", meinte sie traurig.

Taschunka withko aber lachte nur. „Wir haben sie bereits gesehen. Wir werden sie wieder vertreiben!" Es klang so sorglos, so zuversichtlich, dass Mary ihre Angst vergaß. Ja, diese wilden Krieger würden alle Soldaten vertreiben und niemand würde sie mehr finden. Niemand!

Heimkehr

Die Krieger folgten einem unsichtbaren Pfad nach Osten. Mary konnte zumindest nicht erkennen, an was sie sich orientierten, aber die Krieger schienen genau zu wissen, wohin sie reiten mussten. Manchmal wechselten sie in leichten Galopp, dann wieder trotteten sie langsam dahin.

Mary sah sich nach Charlotte um, die schlafend in den Armen eines Kriegers hing. Er hatte sie wie ein Baby in die Decke eingewickelt. An einem Ende lugte ihr Haarschopf heraus und am anderen Ende die kleinen Schuhe. Bald trägt sie weiche Mokassins, dachte Mary glücklich. Sie war froh, dass sie nun nicht mehr die Verantwortung für das kleine Mädchen hatte, denn sie war ja selbst nur ein Kind.

Ihre Gedanken flogen voraus und sie stellte sich vor, wie es sein würde, endlich in Inás Arme zu sinken. Ja, und dann würde sie Tupfen und Witschachpi wiedersehen. Sie freute sich auf Inyanska und Hanhepi-win und überlegte, ob Ptan schon wieder gewachsen war. Sie konnte es überhaupt nicht mehr erwarten.

Dann lag das Dorf endlich vor ihnen. Einfach so. Die Pferde hatten einen Hügel erklommen und dahinter erstreckte sich das Tal, in dem überall die weißen Zelte verstreut waren. In der Nähe des Flusses graste die riesige Pferdeherde und Mary konnte ihren Blick nicht von ihr abwenden. Wo waren Tupfen und Witschachpi? Sie war zu weit entfernt und so konnte sie die Ponys nirgends entdecken.

Im Dorf liefen die Menschen zusammen, als sie die Ankömmlinge bemerkten und einige Jugendliche preschten ihnen entgegen. Unter ihnen war auch Leiser Wind. Sein Mund stand vor Staunen offen, als er Mary erkannte. „Hoh, Taschunka-gleschka-win!", schrie er begeistert. „Sie ist heimgekehrt!"

Sein schrilles Schreien hallte durch das Tal und kehrte als Echo zurück. Mary lächelte erfreut und das Herz schlug ihr bis zum Hals. Ja, sie war heimgekehrt!

Taschunka withko ritt bis zum Zelt von Iná und Inyan-ska, dann ließ er Mary vom Rücken des Pferdes rutschen. Mary hatte ganz weiche Knie, als sie nach so langer Zeit ihre Mutter wiedersah. „Iná!", schluchzte sie. Dann fiel sie ihrer Mutter um den Hals und bedeckte ihr liebes Gesicht mit lauter Küssen.
Iná aber lachte glücklich und hielt sie ganz fest im Arm. „Meine Tochter ist heimgekehrt!", rief sie immer wieder. „Seht nur, meine Tochter ist heimgekehrt!"
Das ganze Dorf versammelte sich um die beiden. Sie kicherten und lachten. Ja, Taschunka-gleschka-win war eine Lakota.
Dann umarmte Mary auch ihren indianischen Vater.
„Waschté!", murmelte Inyan-ska mit leiser Stimme. „Es ist gut!".
Auch Wambli beugte sich kurz zu ihr hinunter und drückte seine Stirn gegen ihre. „Willkommen, kleine Schwester!" Mehr sagte er nicht. Mehr gab es auch nicht zu sagen.
Und Ptan drückte sein Gesicht gegen Marys Bauch, dann rannte er davon. Kleine Brüder kümmerten sich nicht so sehr um ihre Schwestern. Er versteckte sich hinter einem Onkel, um aus sicherer Entfernung zu beobachten, was da vor sich ging. Aber er lächelte, denn er freute sich, dass die weiße Schwester wieder da war.
Nach der ersten Aufregung drehte sich Mary freudestrahlend zu Charlotte um und streckte ihr die Arme entgegen. „Siehst du", lachte sie glücklich. „Wir sind bei Mama und Papa!"
Charlotte starrte die fremden Menschen mit großen Augen an und tauchte unter die Decke. Jetzt war fast nichts mehr von ihr zu sehen. Nur die großen Augen lugten hervor.
„Wirklich?", wisperte sie.

„Aber ja, komm her!" Mary schlug die Decke zurück und nahm Charlotte an der Hand. „Du bist doch meine kleine Schwester, also sind das jetzt auch deine Mama und dein Papa!"

Misstrauisch ließ sich Charlotte zu Iná ziehen und blickte in die braunen Augen ihrer neuen Mutter.

„Das ist Witschachpi-gnuni-win", stellte Mary das kleine Mädchen vor. „Sie war ganz allein und da dachte ich, dass ihr sie vielleicht auch ein klein bisschen gern habt!"

Iná lachte über das ganze Gesicht, als sie sich zu dem Kind hinunterbeugte. „Wir werden sie ganz gewiss sehr gern haben!", betonte sie. Vorsichtig nahm sie das zierliche Kind in ihre Arme und hob sie hoch. „Ma!", schimpfte sie empört. „Sie ist ja so dünn wie ein Knochen! Bestimmt hast du großen Hunger, nicht wahr?"

Noch verstand Charlotte nicht, was ihre neue Mutter da sagte, aber Mary übersetzte schnell. Da lachte Charlotte fröhlich. „Ich habe so großen Hunger!", piepste sie und zeigte mit ihren Armen, wie hungrig sie war. Alle lachten und nickten zufrieden. Es war gut, dass Mary dieses Kind mitgebracht hatte!

Mit einigen energischen Bewegungen scheuchte Iná die umstehenden Menschen fort. „Nun geht. Meine Töchter sind erschöpft und müssen sich ausruhen. Und ich glaube, sie brauchen beide ein Bad!"

Alle lachten gutmütig und Mary wusste, dass es nicht gemein war. Aber dann fiel ihr etwas anderes ein. Etwas Wichtiges. „Wo sind denn meine Ponys?", fragte sie mit belegter Stimme.

Iná lächelte und wedelte mit der Hand. „Es geht ihnen gut. Leiser Wind hat auf sie geachtet. Willst du sie sehen? Es wartet eine Überraschung auf dich!"

„Eine Überraschung?", wunderte sich Mary.

Ptan kam angelaufen und hüpfte vor Aufregung. „Ja, ja, weißt du, dein Pferd hat …!" Schnell wurde er von Inyan-ska in den

Arm genommen, der ihm die Hand auf den Mund drückte. „Es ist doch keine Überraschung, wenn du alles verrätst!", schimpfte er. Auch sein Gesicht war vor Lachen in lauter kleine Falten gelegt.

„Du wolltest mir doch dein Hoppe Reiter Pferdchen zeigen!", mischte sich nun auch Charlotte ein.

Mary nickte. „Stimmt! Willst du erst etwas essen oder gleich die Ponys sehen?"

„Gleich!", antwortete Charlotte.

Und so gingen alle zu der Pferdeherde am Fluss. Leiser Wind trat hinzu und lächelte ebenfalls. Er zeigte auf eine Stelle, etwas abseits von den anderen Pferden, wo zwei kleine Ponys friedlich nebeneinander grasten. „Tupfen!", rief Mary überglücklich. „Tupfen, Witschachpi!" Die beiden Ponys hoben ihre Köpfe und spielten neugierig mit den Ohren. Dann setzten sie sich zu einem kurzen Galopp in Bewegung.

Mary rannte ihnen entgegen und wurde fast umgerannt, als sie ihre Ponys begrüßte. Schnaubend und wiehernd streckten ihr die beiden die Köpfe entgegen und warteten darauf, dass sie gestreichelt wurden.

„Oh Tupfen!", flüsterte Mary und legte ihr Gesicht an Tupfens Kopf. Sofort wurde Witschachpi eifersüchtig und drängte sich dagegen, um auch getätschelt zu werden. „Hey, du!", schimpfte Mary scheinbar empört. Doch es war nicht ernst gemeint.

Dann drehte sich Tupfen plötzlich um und lief einige Schritte zurück. Sie blieb neben einem braunen Fleck stehen, der im hohen Gras kaum zu sehen war.

„Was ist das?", wunderte sich Mary.

Leiser Wind trat näher und machte eine große Geste mit der Hand. „Hohch! Deine Stute hat schon wieder ein Fohlen geworfen. Bald hast du eine eigene Herde mit lauter kleinen Pferden!"

Staunend kniete sich Mary ins Gras und streichelte das kleine Fohlen. Es war weiß mit braunen Tupfen. Und es war eine Stute. Ein kleines Pferdemädchen. So etwas Schönes! „Oh, Tupfen, so ein niedliches Baby!", flüsterte sie voller Bewunderung.

Charlotte setzte sich neben das winzige Fohlen und strich mit der Hand über das struppige Fell. „Hoppe Reiter Pferdchen!", lächelte sie. Die anderen Pferde waren ja viel zu groß, aber dieses hier war wirklich ein Hoppe Reiter Pferdchen. Mary kicherte gut gelaunt und nahm Charlotte in die Arme.

„Ja, ein Hoppe Reiter Pferdchen. Und weißt du was? Es ist deins!"

„Meins?"

„Ja, ich hatte es dir doch versprochen! Und jetzt ist es deins!"

Charlotte kniete still neben Mary im Gras und betrachtete das kleine Pony. Noch nie hatte sie etwas besessen. Wahrscheinlich wusste sie auch nicht, was das wirklich bedeutete. Sie wusste ja auch nicht wirklich, was Mama und Papa waren. „Meins!", murmelte sie leise. Es klang so schön.

Iná führte die beiden Mädchen wieder zurück und drückte ihnen eine Schale mit Essen in die Hand. Charlotte setzte sich auf ihren Schoß, solche Angst hatte sie, dass die neue Mutter einfach verschwinden könnte. Dann kam Hanhepi-win und zeigte der neuen Schwester eine Puppe. Charlotte hatte noch nie eine Puppe gesehen und hielt sie staunend in ihren Händen. Sie drückte sie ganz fest an sich, als hätte sie Angst, dass irgendjemand ihr sie wieder wegnehmen könnte. „Meins!"

Alle lachten und Hanhepi-win machte eine großzügige Geste. „Ja, ja, es ist deins!"

Die Mutter verließ kurz das Zelt, dann kehrte sie mit Kleidung in ihren Armen zurück. „Heute Abend gibt es ein Fest! Wir feiern eure Rückkehr. Kommt, wir machen euch schön!"

Beschämt blickte Mary an sich herunter. Sie war froh, dass sie endlich das stinkende Kleid ausziehen konnte. Dann fasste sie sich an ihre verfilzten Haare. „Das wird schwierig!", stöhnte sie.

„Sehr schwierig!", bestätigte Iná mit einem verschmitzten Lächeln.

Und so war es auch. Mary hatte das Gefühl, dass sie für immer eingeseift und anschließend im Fluss ertränkt wurde. Auch Charlotte wurde gründlich gewaschen, aber sie hielt still und schien es zu genießen.

Die Sonne ging bereits unter, als die beiden nebeneinander im Gras saßen, und Iná ihnen die Haare kämmte. Vorsichtig entwirrte sie Strähne für Strähne, dann legte sie die Haare in ordentliche Zöpfe. Charlotte war noch klein, aber ihr Haar war bereits so lang, dass man kleine Zöpfe flechten konnte. Sie sah nun wirklich wie ein Indianermädchen aus. „Sie wird man nicht finden", meinte Mary zufrieden.

„Dich auch nicht!", erklärte Iná bestimmt. „Und bald bist du alt genug, dass du heiraten kannst. Dann wird dich niemand mehr wegholen."

Mary dachte darüber nach. „Vielleicht heirate ich mal Leiser Wind", erklärte sie. Da lachte die Mutter und hielt sich die Hand vor den Mund. „So, so! Magst du ihn?", fragte sie kichernd.

„Na ja!", meinte Mary. „Er ist doch sehr nett zu meinen Ponys!"

„Das ist natürlich ein guter Grund!", stimmte Iná zu.

Sie legte die Kleidung zurecht und half Mary dabei, in das schön bestickte Kleid zu schlüpfen. Bewundernd drehte sich Mary im Kreis. „Gut, dass du es aufgehoben hast!"

Iná nickte. „Ich habe gebetet, dass du wiederkommst!"

Mary umarmte sie liebevoll. „Gut, dass du gebetet hast! Sonst hätten sie mich vielleicht nicht gefunden."

Dann half sie ihrer Mutter dabei, auch Charlotte in ein neues Kleid zu stecken. Sie wunderte sich nicht mehr, woher Iná es so schnell her hatte, denn sie wusste inzwischen, dass jeder im Volk helfen würde, damit es dem Kind gut ging. Das Kleid passte, ebenso die winzigen Leggins und Mokassins.

Charlotte sah wunderschön darin aus. Wie eine Prinzessin, dachte Mary ehrfürchtig. Vielleicht habe ich eine verzauberte Prinzessin gefunden und wieder zurückgebracht. Auch Iná wirkte in ihrer Festkleidung so ehrfurchtgebietend, so wunderschön, dass es Mary den Atem nahm.

Iná trug lange Ohrringe und eine Kette aus Knochen und Perlen, die fast bis zum Boden ging. Ihr Kleid war mit blauen Perlen bestickt und hatte als Muster weiße Sterne darin. Es sah fast aus wie der Nachthimmel.

Wahrscheinlich sind wir alle Prinzessinnen, dachte Mary, als Iná ihr ebenfalls eine lange Kette um den Hals legte. Dann gingen sie zurück ins Dorf. Überall brannten große Feuer und Kessel mit Suppe hingen darüber. In der Mitte war der Tanzplatz vorbereitet worden und einige Männer saßen um eine große Trommel. Sie schlugen einen gleichmäßigen Takt und übten bereits ihre Stimmen.

Mary war ganz beklommen. Dieses Fest war wegen ihrer Rückkehr. Es war etwas ganz Besonderes. Überall blickten ihr die Menschen mit Wohlwollen entgegen. Alle lächelten, selbst die jungen, wilden Männer.

Immer mehr Menschen trafen am Tanzplatz ein und stellten sich in einem großen Kreis auf. Alle trugen ihre schönsten Gewänder und hatten sich mit Ketten und Federn geschmückt. Als letzter kam Inyan-ska. Er hatte eine kleine Schale mit roter Farbe in der Hand und stellte sich vor die beiden Mädchen. Dann tauchte er seinen Finger in die Farbe und malte erst Mary, und dann Charlotte einen roten Strich in den Scheitel. „Mögen sie immer den roten Pfad gehen und möge Wakan Tanka sie beschützen! Seht meine Töchter. Sie sind Lakota!"

Alle murmelten „aho" und Schweigen breitete sich aus. Inyanska stellte sich in die Mitte des Tanzplatzes und sprach ein Gebet, dann gab er den Trommlern ein Zeichen, dass sie beginnen durften.

Männer drängten sich auf die Tanzfläche, die Frauen und Mädchen bildeten einen äußeren Kreis und das Fest nahm seinen Anfang. Essen wurde verteilt und die Kinder rannten lachend hin und her.

Mary wurde ganz schwindelig von all den Klängen und Farben. Dann durfte auch sie tanzen und reihte sich in den Kreis der Frauen und Mädchen. Mit kleinen Schritten bewegte sie sich im Takt der großen Trommel und schaute auf die Männer, die in wilden Sprüngen oder mit stampfenden Schritten ihre Tänze zeigten. Sie sah auch Taschunka withko und Leiser Wind, die in ihrer schönsten Kleidung ihr zu Ehren tanzten. Sie freute sich.

Charlotte aber blieb auf dem Schoß ihrer neuen Mutter sitzen. Sie hatte viel zu viel Angst, all dies wieder zu verlieren. Als Mary mitten in der Nacht aus ihren Kleidern schlüpfte und unter den weichen Fellen verschwand, da drückte sich ein weiterer warmer Körper an sie und eine feuchte Zunge schleckte ihr über das Gesicht. „Hallo, Schunka!", lächelte Mary und strich dem Hund sanft über das Fell. Alles war so, wie sie es verlassen hatte. Sie war wieder daheim.

Sie schlief tief und fest, all die Sorgen und Ängste waren vergessen. Sie träumte von Tupfen, Witschachpi und dem kleinen Fohlen und zog mit ihnen über die Prärie. Sie hatte nun keine Angst mehr vor der Weite des Landes, denn sie war eine Lakota.

Charlotte aber wich fast nie von der Seite ihrer neuen Mutter und lernte schnell die Sprache und all die Dinge, die ein Lakota Mädchen wissen sollte. Auch Ptan fand es schön, nun nicht mehr der Kleinste zu sein, und kümmerte sich gönnerhaft um seine kleine Schwester.

Mary und Charlotte wurden nie gefunden, denn immer wenn Fremde ins Dorf kamen, dann versteckte sich Mary unter ihrer Decke und senkte die blitzenden, blauen Augen. Sie hörte auf die flüsternden Worte des Windes, lernte die Sprache der Tiere und hörte auf die Stimmen der Geister. Denn alle waren miteinander verwandt. Mitakuye oyasin.

Und wie hieß wohl das kleine Fohlen? Wenn ihr es wisst, dann dürft ihr den Namen hierher schreiben:

....

Oihanke. Das Ende.

Wintschintschala kin kikta yelo	Das Mädchen ist aufgewacht (von einem Mann gesprochen)
yelo	Betonung, dass ein Mann spricht
Schunka wakan nitawa ho?	Ist das dein Pferd?
Wana schunka wakan mitawa kin	Nun ist es mein Pferd
mitawa	mein
nitawa	dein
waschté	gut
Loyatschin ho?	Hast du Hunger?
Kopechla schni yo!	Hab keine Angst!
Yuta yo!	Iss!
Mitschunkschi	Meine Tochter
Schunka wakan nitawa kin lel un yelo!	Dein Pferd ist dort drüben!
Taschunka-gleschka-win	Geflecktes Pferde-Mädchen
Wana	jetzt
enitschiapi	du heißt
Inyan-ska	Weißer Felsen
Inyan	Felsen
Wambli	Adler
Hiyu-wo	Komm! (wenn ein Mann spricht)
Hiyu-we	Komm (wenn eine Frau spricht)
Hanhepi-win	Mondmädchen
Ptan	Otter
han	ja
Atewayé	Vater
Iná	Mutter
Machaju-o-ite-win	Regen ins Gesicht Mädchen/Frau
Wakpala-win	Bach Mädchen/Frau
pilámaya	danke
„abu, abu"	Flüstern, um ein Baby zu beruhigen
Nahan woihanbla waschtete luhakte	Mögest du gute Träume haben
Nahan ikiha ake nanka	Sei wieder „lächelnd"

Witschachpi	Stern
Inachni-po	Beeilt euch!
Inachni- yo	Beeile dich!
Tatanka	Büffel
Omakiya pe	Helft mir!
Wakangli agli	Die Donnerwesen sind heimgekehrt
Schunka	Hund
Maka	Die Erde
Mni schota	Nebel/ Rauch über dem Wasser
Taschunka withko	Sein Pferd ist verrückt/seltsam
Malakota	Ich bin Lakota
Witschachpi-gnuni-win	Verlorener-Stern-Mädchen

Takuni yuke schni itokamna Inyan kin yuke, na nachi tawa kin Wakan Tanka
Nichts existierte außer Inyan, den Felsen, und seine Seele war Wakan Tanka
Inyan wowach'ake kin yuha, na wowasch'ake kin he tawé el yanke, na tawé
kin to.
Inyan besaß alle Kraft und seine Kraft saß in seinem Blut. Und das Blut war
blau.

www.traumfaenger-verlag.de

Kerstin Groeper,
als Tochter des Schriftstellers Klaus Gröper in Berlin geboren, lebte einige Zeit in Kanada. In Kontakt mit nordamerikanischen Indianern entdeckte sie ihre Liebe zur indianischen Kultur. Durch viele Gespräche mit indianischen Freunden und Ratgebern gelingt es ihr, ein authentisches Bild der verschiedenen Stämme zu vermitteln. Kerstin Groeper spricht Lakota, die Sprache der Teton-Sioux, und führt regelmäßig Vorträge und Seminare über Sprache, Kultur und Spiritualität der Lakota-Indianer durch. Kerstin Groeper studierte Sozialpädagogik, arbeitete als Journalistin für verschiedene Zeitschriften und schreibt heute Artikel zum Thema Indianer, u.a. für das renommierte Magazin für Amerikanistik. Sie lebt mit ihrem Mann und drei Kindern in der Nähe von München.

Illustrationen in diesem Buch

Unsere junge Künstlerin heißt Eugénie (Pauline) Pierschalla. Sie wurde 1994 geboren und ist derzeit 16 Jahre alt.

Nach einigen Umzügen ist sie schließlich in Landsberg (am Lech) gelandet. Derzeit macht sie ihren Abschluss an der Realschule Buchloe.

Danach möchte sie zur Kunst FOS in Augsburg und anschließend auf die Kunstakademie gehen.

Eugénie hat bereits unseren „Blitz im Winter" illustriert. Außerdem porträtiert sie alle möglichen Menschen, gestaltet Shirts für junge Bands oder entwirft Tattoos.

Das Titelbild haben wieder unsere zwei wunderbaren Damen aus dem fernen Hamburg gemalt: Marion und Doris Arnemann. Vielen Dank für die ausdrucksvolle Zeichnung von Geflecktes-Pferdemädchen!

Sunka Wakan Na Wakanyeja Awicaglipi Incorporation
Lakota Horsemanship Organisation

>>We are Lakota. We are not Cowboys, we are Horsemen.<<

Die Sioux bzw. Lakota gelten als die besten Reiter, sowie Pfeil- und Bogen-Schützen. Beides ist in ihrer Tradition tief verankert. Die Arbeit und das Zusammenleben mit den Pferden, sowie das Aufleben alter traditioneller Werte sollen den jungen Indianern zur Wiederfindung ihrer eigenen Identität verhelfen.

Ziel dieser Organisation ist es, Kindern und Jugendlichen durch verschiedene Programme die Rückführung zur eigenen Kultur zu ermöglichen und sie dadurch vor Alkohol- und Drogenmissbrauch zu bewahren.

Jedes Jahr werden verschiedene Workshops mit den Kindern und Jugendlichen durchgeführt, sowie mehrtägige Wilderness Camps. Während der Wintermonate werden Workshops gehalten z. B. Halfter anfertigen, Bilderrahmen aus Holz bauen u.v.a.

Repräsentantin der SwnWA Inc. in Deutschland:
Andrea Cox, Im Wirbel 65 / 68219 Mannheim /
Tel. 0621/ 80 11 16
E- Mail: info@andreac.de
Weitere Infos unter: www.andreac.de

Spendenkonto in Deutschland Gesellschaft für bedrohte Völker (GfbV)
WICHTIG: Stichwort: Pferde Projekt
Postbank Hamburg, BLZ: 200 100 20, Kto: 7 400 201

Lila Pilamaya – Vielen Dank.

Unterstützung von Landnutzungsprojekten auf der Pine Ridge Reservation

Die Pine Ridge Reservation befindet sich im Südwesten des US Bundesstaates South Dakota und liegt an der Grenze zu Nebraska.

Die Lebenssituation auf der Reservation ist, bedingt durch große gesundheitliche Probleme, wie einer Diabetesrate von über 65%, Herz- und Nierenleiden, sehr hohen Krebsraten und einer Arbeitslosenquote von ca. 80% sehr schwierig.

Die gemeinnützige Organisation Village Earth, mit Sitz in Fort Collins/ Colorado arbeitet seit dem Jahr 2000 auf der Reservation mit Gemeinden und Familien.

Derzeit werden ca. 60% der Ländereien, die den Oglala Lakota 1887 durch den General Allotment Act als Eigentum zugewiesen wurden, durch das Büro für Indianerangelegenheiten (BIA) zu Spottpreisen an weiße Farmer verpachtet, während mehr als 60% der Oglala Lakota unterhalb der Armutsgrenze leben. Deshalb unterstützt Village Earth die Oglala Lakota, ihr Land zu konsolidieren und es aus den BIA Pachtverträgen zu lösen. Mit Hilfe von Spenden und der beratenden Unterstützung von Village Earth konnte so u. a. im Juni 2004 das Bison-zuchtprojekt der Familie Red Cloud ins Leben gerufen werden. Die Red Clouds haben sich mit anderen Lakota Bison Ranchern im Jahr 2008 zu einer Bison Rancher Kooperative zusammengeschlossen, die nun beginnt das Bisonfleisch gemeinsam zu vermarkten. Wenn Sie Lakota Familien dabei unterstützen wollen, sich eine Zukunft aufbauen zu können und ihr Land wieder selbst zu nutzen, können Sie sie mit einer Spende an die gemeinnützige Organisation Village Earth unterstützen. Pilamaya. Danke!

www.villageearth.org   http://redcloud.net.tc

Kontakt in Deutschland:

Cornelia Bauer, Tel. 08122 / 4 83 61, E-Mail cornelia@villageearth.org

Für unsere Leser ab 7:

„Blitz im Winter“

Die spannenden Abenteuer eines
Lakota-Jungen.

Ein Jugendbuch
von Kerstin Groeper

14,50 €   ISBN 978-3-941485-05-1

Für unsere „großen" Kinder:

„Kranichfrau"

Eine Frau und ihre Vision.

Ein historischer Roman von Kerstin Groeper

24,50 €   ISBN 978-3-941485-00-6

„Wintercount"

Die dramatische Geschichte eines jungen Lakota Kriegers und seiner weißen Frau.

Ein packender Roman
von Dallas Chief Eagle sen. (Lakota)

22,50 €   ISBN 978-3-941485-02-0

„Die Feder folgt dem Wind"

Die Geschichte einer deutschen Auswanderin, die es im Jahr 1868 zu den Sioux verschlägt – jeweils ein Kapitel aus der Sicht der Deutschen und eins aus der Sicht des Indianers.

Ein weiterer Roman von Kerstin Groeper

24,50 €   ISBN 978-3-941485-03-7

„Skalpjagd"

Ein Navaho-Cop bei den Sioux

Thriller
von Ulrich Wißmann

16,50 €   ISBN 978-3-941485-04-4

„Ulzanas Krieg"

Die Weißen nannten ihn Josanie
Der letzte Kampf der Apachen

Historischer Roman von
Prof. Karl H. Schlesier

22,50 €   ISBN 978-3-941485-06-8

„Sitting Bull"

Sein Leben und Vermächtnis

Von Ernie La Pointe, Urenkel von Sitting Bull

14,90 €   ISBN 978-3-941485-07-5

Außerdem in Planung:

„Maggie Yellow Cloud"

Eine Lakota Ärztin auf Pine Ridge

Ein Thriller von Brita Rose-Billert

978-3-941485-09-9